Marlene Toussaint
Mato-Verlag

Phänomene
und Kraft

aus dem Jenseits

D1702656

Mato Verlag: Memmingen/Allgäu
Am Geisberg 6, 87779 Trunkelsberg

Tel.-Fax: 08331- 49 44 45
Mobil: 0170 942 9572

ISBN 978-3-936795-92-9
Internet Adresse – www. mato-verlag.de

Phänomene und Kraft aus dem Jenseits

Dieses Buch widme ich zwei wunderbaren Menschen, Linda und Franzi aus Südafrika. Sie sind viel zu früh von uns gegangen und ich konnte mich nicht mehr von ihnen verabschieden. **Ich vermisse sie sehr, weiß aber, dass wir wieder zusammen kommen werden!**

„Wenn Gott uns beruft etwas zu tun, dann sendet er uns auch die Hilfe und die Kraft, dass es uns gelingt. Legt einfach eure Hände in Gottes Hände, dann seid ihr in guten Händen. Macht euch keine Sorgen, denn mit Gottes Hilfe ist nichts unmöglich!"

Ich bedanke mich bei den Menschen, den Diesseitigen und den Jenseitigen, die mir zum Gelingen dieses Buches hilfreich zur Seite standen. Dies ist wieder ein Beweis, dass wir alle eine Kette bilden, in welcher jedes Bindeglied für den Erfolg und unser Fortbestehen sehr wichtig ist. Gott bedient sich der Menschen, um eine Veränderung auf der Erde zu bewirken. Wir sind alle Handwerker Gottes und können diese, unsere wunderbare Welt, zum Guten oder zum Bösen verändern. Ich hoffe, dieses Buch wird dazu beitragen, ein gutes Samenkorn zu pflanzen, das sich in Windeseile ausbreitet, vielen Menschen Frieden bringt und ihre Herzen und Seelen glücklich macht. Dann habe ich das erreicht, was Gott, unser Schöpfer, erreichen wollte. Pflanzen auch Sie ein Samenkorn für das Gute!

Man mag den vergessen, mit dem man gelacht, aber niemals den vergessen, mit dem man geweint hat.

Phänomene und Kraft aus dem Jenseits

Vorwort, von John Olford (Medium)

Es ist mir eine große Freude, dass ich die Gelegenheit habe, zu diesem Buch das Vorwort zu schreiben.

Dieses Buch ist so erfrischend geschrieben, dass es leicht fällt zu folgen, in den Beschreibungen zu versinken und sie mitzuerleben. Marlene Toussaint bringt uns eine Welt näher, die immer um uns ist, von der wir nie getrennt sind oder waren. Nur manchmal können wir sie selber nicht wahrnehmen, dazu benötigen wir ein Medium.

Eine der größten menschlichen Gaben ist das Vertrauen und der Glaube. Wenn wir unseren Engeln und unseren lieben Freunden und Helfern in der geistigen Welt dieses Vertrauen schenken und ihnen erlauben uns zu helfen, dann kann sich für jeden von uns eine neue, schöne Welt öffnen.

Marlene zeigt uns einen Weg in diese Welt, sie gibt Hoffnung, in dem sie ihre persönlichen Erlebnisse und die anderer Menschen mit uns teilt. Sie zeigt uns, dass wir nie alleine sind, beschreibt aber auch, dass jeder für sein Leben, wie auch für seinen spirituellen Weg selbst verantwortlich ist.

John Olford MNFSH, MCMI, BSc.
Lotus Spiritualist College

Deubach, Waldstrasse 1, D-86459 Gessertshausen
Internet: www. lotus–spirit. de

Brief einer Leserin
Hallo liebe Marlene,

danke, dass du das Buch „Engel und die Verstorbenen sind unter uns" geschrieben hast. Du gehörst nicht zu den Verrückten, sondern zu den besonderen Menschen, die bereits im Leben zum Wissen und der Weisheit gelangen was der Sinn des Lebens ist und die Erkenntnis nicht erst mit dem Tod erhalten.

Nachdem ich dein Buch übers Internet gekauft hatte, hast du mir in deiner E-Mail mitgeteilt, dass ich, wenn ich Fragen hätte, dich kontaktieren darf. Fragen habe ich keine, denn dein Buch hat mir alles bestätigt, an was auch ich glaube. Ich lese nur solche Bücher weil ich auf der Suche nach Gleichgesinnten bin. Es gibt wenige Menschen, mit denen ich darüber reden kann oder die an solche Dinge glauben.

Ich bin 34 Jahre alt, 1,52 m groß und wiege 40 kg. Seit zwei Jahren lebe ich wieder in einer Beziehung, davor war ich 6 Jahre alleinerziehend, ohne Freund und ohne Liebe. Ich habe eine 10 jährige Tochter. Von ihrem Vater bin ich geschieden. Es war für mich eine schlimme Zeit.

Meinen Glauben an die Engel habe ich seit meiner Kindheit. Mein Vater sagte immer, ich sei ein sehr komisches Kind gewesen. Ich hätte mit Bäumen gesprochen, aber die Bäume sprachen auch mit mir. Mein spiritueller Glaube begann bereits, als ich 10 Jahre alt war. Damals habe ich mich mehr für die „Geistige Welt" interessiert als für die Irdische, das hat sich bis heute nicht geändert.

Mit 16 Jahren habe ich einen Selbstmordversuch unternommen, weil diese Welt, auf der ich lebe, für mich zu

4

kalt, ungerecht und falsch war. Ich wollte dorthin wo es Frieden und Liebe gibt.

Mein Selbstmordversuch verlief Gott sei Dank nicht tödlich, denn die Tabletten, die ich nahm, waren zum Sterben nicht genug. Ich habe aber eine schwere Vergiftung davon getragen. Genau in dieser Nacht hatte ich einen Traum, in dem mir ein Mann sagte, ob ich denn nicht wüsste, dass Selbstmörder nicht in den Himmel kommen? Ich habe in den letzten 20 Jahren über Gott, Engel, Wunder, Magie, Übernatürliches, Parapsychologie, Wiedergeburt, Karma, und über das Leben nach dem Tod gelesen. Ich kaufte und las alles, was mir über dieses Thema in die Finger kam. Das tue ich auch heute noch. Auch das Wissen und die Weisheit über den Sinn des Lebens interessierten mich sehr. Aber nicht allein durch das Lesen lerne ich darüber, sondern ich mache auch viele Erfahrungen, habe Erlebnisse und Visionen, die mich dazu verleitet haben viel darüber zu lesen. Ich wollte wissen, ob es normal ist, was da alles mit mir geschieht.

Das i-Tüpfelchen auf dem Ganzen war der Tod meiner Mutter. Letztes Jahr vor Weihnachten, habe ich sie für immer verloren, sie ist leider nur 52 Jahre alt geworden. Zudem starb kurz danach meine Schwiegermutter aus erster Ehe, sowie mein Opa. Viel Unerklärliches ist danach bei mir geschehen. Ich rede mit den Verstorbenen und sie reden mit mir. Sie trösten, sie helfen mir und sie heilen mich. Sie geben mir Kraft und immerwährendes Licht. Sie besuchen mich, während ich schlafe und zeigen sich in Träumen, wenn sie mir etwas mitteilen möchten. Aber nicht nur mir, sondern meiner Tochter ergeht es genauso. Sie berichtet genau dasselbe, ohne dass ich sie beeinflusse oder ihr etwas über meine Erlebnisse mit den Jenseitigen erzählt habe. Aber es zeigt mir immer wieder, dass alles real und wahr ist. Dies alles erfüllt mich mit noch mehr Liebe.

Ich habe den Himmel gesehen, aber nicht durch eine Nahtoderfahrung, sondern weil ich nach dem Tod meiner Mutter kurzzeitig meinen Glauben verloren hatte. Ich habe mit der schrecklichen Angst gelebt, dass alles erfunden ist und Aberglaube sei, um den Menschen die Angst vor dem Tod zu nehmen. Ich befürchtete, dass meine Mutter vielleicht leidet und es den Himmel gar nicht gibt. Außerdem musste ich mich einen Monat nach ihrem Tod einer Unterleibsoperation unterziehen, was meine Depressionen noch mehr verstärkte, da ich mir noch so sehr ein Kind gewünscht habe.

Die Angst um meine Mutter überfiel mich wieder in der Einsamkeit in meinem Krankenzimmer und ich bat Gott aus tiefster Seele, aus einer Tiefe, die mir bis dahin nicht bekannt war, dass es doch bitte wahr sei, dass es einen Himmel gibt. Ich wollte nichts für mich und mein Leben, sondern alles, an was ich immer geglaubt hatte, sollte die Wahrheit sein. Es sollte wahr sein, dass es den Himmel gibt. In diesem Moment hat Gott mir den Himmel gezeigt. Die Jenseitigen wurden für mich sichtbar und ich durfte den Himmel schauen, in dem alle Menschen waren, die ich liebte. An meinem Krankenbett zeigten sie sich ebenfalls und ich konnte die unendliche Liebe und den Frieden erleben und spüren. Es war so wundervoll. So etwas kann man auf dieser Erde nie finden. Sie berührten mich und ab diesem Tag waren mein Verlustschmerz und der Schmerz der meinen Körper beherrscht hatte, nicht mehr vorhanden. Ich verspürte in den darauffolgenden Wochen eine Energie, zum Bäume ausreißen. Doch leider war ich durch die OP-Narbe und die Schmerzen noch ans Bett gebunden. Aber innerlich war ich stark und voller Zuversicht. Ich war mit so viel Energie geladen, dass die nächsten fünf Wochen jedes Mal die Glühbirnen geplatzt sind, wenn ich nur den Lichtschalter berührte. Nicht nur bei mir, sondern überall wo ich war. So viele Glühbirnen habe ich noch nie kaufen müssen. Danke nochmals für dein Buch, du bist nicht allein!!!

Noch eine Anmerkung: Im letzen Abschnitt schreibst du, dass die Karten bereits gemischt sind.

Vor zwei Wochen hatte ich einen seltsamen Traum. Ich wusste, dass ich nichts sehen darf und ich eigentlich gar nicht dort sein durfte, weil es verboten war. Ich sollte nur zuhören und mich ruhig verhalten. Ich bekam mit, dass viele Frauen dort waren und sie waren alle sehr aufgeregt. Es wurden Karten gemischt und gelegt. Die letzte Karte war ein Gefäß. Meine Mutter fragte, was es bedeutet, wenn die letzte Karte ein Gefäß sei und eine andere Frau antwortete: „Das ist die Karte, die bedeutet, dass deine Tochter noch ein Kind empfangen darf." Dann brach ein Jubelschrei und eine kollektive Freude unter den Frauen aus und ich hörte nur ein Flüstern meiner Mutter, dass ich jetzt gehen muss.
Ich schreibe dir, wenn dies wirklich wahr werden sollte.

Ich wünsche dir für dein Leben und deine Zukunft alles Gute, Gesundheit und viel Liebe. Möge Gott dich beschützen.

Von Herzen Aleksandra

Das ist meine Nichte. Sie wurde auf die Welt geschickt um den Kontakt zu meiner Mutter wiederherzustellen. 1 ½ Jahre danach ist meine Mutter, in den Himmel gefahren.

Das bin ich mit meiner Tochter. Ist schon ein paar Jahre alt aber ich hatte kein aktuelleres. Da war ich schon magersüchtig, nicht weil ich schön sein wollte, nein, meine Seele war krank.

Vom Zweifel zum Glauben

Viele Menschen zweifeln. Was ist die Wahrheit, was ist Lüge? Welcher Glaube ist der Richtige? Welcher Mensch sagt die Wahrheit? Wer lügt? Deshalb wollte ich Ihnen den Brief nicht vorenthalten, den mir eine Leserin zu meinem letzten Buch geschrieben hat, denn dieser hat mich sehr berührt. Er zeigt, dass die Menschen tatsächlich auf der Suche nach der Wahrheit und nach dem wahren Gott sind. Auf wunderbare Weise hat Gott der verzweifelten jungen Frau seinen, bzw. unseren Himmel gezeigt. Auch sie hatte zeitweise an einem Weiterleben nach dem Tod gezweifelt, denn zu viele geliebte Menschen hatten sie verlassen. Aber dann wurde sie durch dieses einzigartige Erlebnis wieder eines Besseren belehrt und ihre Zweifel gehörten der Vergangenheit an.

Auch ich belächelte früher Menschen, die von Dingen erzählten, über die ich heute selbst schreibe. Ich bin ein sehr misstrauischer Mensch. Aber Gott hat bei mir sehr viel Überzeugungsarbeit geleistet. Die Jenseitigen sagten mir: „Du musstest dieses Buch schreiben. Und du wirst noch mehrere Bücher schreiben." Mir wurde gesagt, ich soll es den Menschen auf eine gut verständliche Art beibringen, daran zu glauben. Ich werde mich mit der Hilfe der Jenseitigen darum bemühen. Aber auch Ihre Erlebnisse mit der jenseitigen Welt interessieren mich. Denn diese sind einzigartig und individuell verschieden. Schreiben Sie mir, wenn Sie etwas ganz Besonderes erlebt haben, wie diese junge Frau.

Botschaften durch ein Medium aus dem Jenseits

Vor ein paar Wochen bekam ich einen Anruf von Tanja, die mich bat, mein Buch: „Engel und die Verstorbenen sind unter uns" auf einer Sitzung von John Olford vorzustellen. Tanja leitet Seminare und ist Kartenlegerin. Sofort sagte ich, dass ich kommen würde, ohne daran zu denken, dass dann aber Eile geboten war, denn außer fliegenden Blättern hielt ich ja noch nichts in Händen. Aber ich hoffte auf die Hilfe aus der geistigen Welt und ich musste feststellen, in der geistigen Welt hatte ich tatsächlich viele Helfer. Ein solches Unternehmen wäre in so kurzer Zeit nicht (ich hatte nur noch 4 Wochen) möglich gewesen. Lektorat, Layout. Druck usw. das sind alles Dinge die sehr viel Zeit in Anspruch nehmen und gut vorbereitet sein müssen. Das Buch musste sehr oft durchgelesen werden, damit keine Fehler mehr zu finden waren. Für mich ist das die schlimmste Aufgabe beim Bücherschreiben, die Korrektur der Fehler. Man möchte ja den Inhalt lesen und nicht ständig auf Fehler achten, denn dabei kann man den Inhalt nicht mehr richtig aufnehmen. Als ich bei der Druckerei nachfragte, wie lange vorher sie die Unterlagen benötigen, damit ich das Buch rechtzeitig erhalte, wurde mir gesagt, man benötige die Unterlagen etwa 3 Wochen vorher. Dann dürfe aber nichts mehr schief gehen.

Aber so ziemlich alles ging schief. Ich nannte es bereits das Buch der „Pleiten, Pech und Pannen" und es würde ein Kapitel füllen, wollte ich alles aufschreiben, was nicht in Ordnung war. Die Katastrophe war perfekt, als die Dame, die das Layout machte, mehrmals während dieser Zeit ins Krankenhaus musste. Ich glaube, mehr brauche ich dazu nicht zu sagen. Als ich so gefrustet über die ganze Situation war, kaufte ich mir auf Anraten einer Freundin das Buch: „Mit Engeln spielen." Es beinhaltet auch ein Kartenspiel, das mich in der damaligen Situation sehr beruhigte und mir das Gefühl gab: „Alles wird gut."

Ich wusste nicht, wie man das Kartenspiel anwendet aber ich bat meinen Engel, mir die Antwort nach dem Mischen beim Abheben der ersten Karte zu geben. Den Inhalt dieser Karte möchte ich Ihnen nun wörtlich vorlesen: **Ich bin der Engel, der herabsteigt, um die negativen Kräfte aus deiner Umgebung zu vertreiben. Jetzt kannst Du dich beruhigen, denn du erhältst himmlische Hilfe! In diesem Augenblick erhellt dich eine geheimnisvolle Kraft und gibt dir Vertrauen und positive Energie.**

Nachdem ich diesen Text gelesen hatte, wusste ich, dass ich mir keine Gedanken mehr machen musste, denn alles würde wieder in Ordnung kommen und ich würde den Termin am 17. Februar 2005 einhalten können, obwohl wir bereits den 04.Februar schrieben. Und tatsächlich, eine Woche vorher wurden die Bücher bei mir zuhause angeliefert. Eine Situation, die eigentlich aussichtslos war, hatte sich durch den Glauben an die göttliche Kraft doch zum Guten gewandt.

Nun musste ich meine Tochter noch überzeugen, mich zu begleiten. Obwohl ich nie damit gerechnet hatte, sagte sie ganz spontan „natürlich gehe ich mit und fahre dich mit deinen Büchern dorthin." Sie hatte noch nie an einem Seminar mit einem Medium teilgenommen, denn alles was mit dem Jenseits zu tun hatte, machte ihr Angst. Wer hätte gedacht, dass meine Tochter so fasziniert war, dass wir nach dem Seminar erst morgens gegen 1 Uhr nach Hause kamen?

Von meinen Erfahrungen vor, während und nach dem Seminar, möchte ich nun berichten.

Gegen 16 Uhr kam meine Tochter zu mir nach Hause, da wir uns gegen 19 Uhr bei Tanja treffen wollten. Meine Tochter wollte wissen, ob ich mich denn auf den Abend vorbereitet hätte. „Nein", sagte ich und sie war total entsetzt. „Wie kannst du so ruhig da sitzen, in ein paar Stunden musst du vor zwanzig Leuten stehen und reden. Jetzt fang mal endlich an." Ich sagte ihr, dass ich das nicht brauche, denn mein Engel wird mir schon zur richtigen Zeit die richtigen Gedanken schicken. „Du bist verrückt", sagte sie und fing nun an, mir Tipps zu geben. Sie lief vor mir auf und ab und redete und redete und ich sollte mir das alles einprägen. „Und jetzt bist du dran", sagte sie. Aber ich wusste einfach nicht, was ich sagen sollte, mein Kopf war leer. Am Tag zuvor hatte ich wieder die Engelkarten gelegt und ich vertraute diesen voll und ganz. Den Text der Karte, die ich zog, habe ich für Sie aufgeschrieben:

Ich bin der Engel, der dir nahe ist, um dir in deiner aktuellen Situation zu helfen. Vertraue mir. Ich gebe dir die Energie, die du am nötigsten brauchst. Vertraue! Es ist gut himmlische Hilfe zu erhalten. Folge meinem Rat und handle mit Mut und Entschlossenheit.

Als die ersten Gäste eintrafen, wurde ich von Tanja und John vorgestellt und sollte nun einen Vortrag über mein Buch halten. Es hat alles wunderbar geklappt, ich hätte stundenlang darüber berichten können, obwohl mir zuhause kein einziges Wort eingefallen war, noch nicht einmal, wie ich mit dem Vortrag anfangen sollte.

Wie könnten die Wesen, die für dieses Buch verantwortlich sind, bzw. waren, mich im Stich lassen? Das konnte einfach nicht sein.

Über John habe ich ja bereits in meinem anderen Buch berichtet, ich wiederhole es hier noch einmal für alle, die es nicht gelesen haben.

John Olford ist seit vielen Jahren ein sehr gutes und bekanntes Medium. Er hat studiert und arbeitete als Manager in der Telekommunikations-Industrie. Sein Beruf machte ihm sehr viel Freude, denn er war interessant und gut bezahlt. Aber er entschloss sich, Medium zu werden. Dieser Gedanke fing an zu reifen, nachdem er die erste Begegnung mit dem verstorbenen Großvater seiner Frau hatte. Dieser warnte ihn, eine defekte Lampe zu reparieren, weil dies sein Tod sei. Diese Situation und die Tatsache, dass der Großvater Recht hatte, weckte sein Interesse an der „Geistigen Welt." Er und seine Frau machten eine Ausbildung in Nord Wales auf der Insel Anglesey in einer Spiritualisten-Schule (diese glauben an Gott). Viele Menschen gehen zu seinen Sitzungen, da er ein sehr gutes und seriöses Medium ist. Ich habe mich mehrmals bei seinen Sitzungen eingeschlichen (er wusste nicht, dass ich Bücher schreibe), denn ich wollte mich selbst von seinem Können überzeugen. Ich habe bei den Sitzungen immer sehr genau aufgepasst, ob auch keine Widersprüche auftraten. Aber John hat mich so sehr überzeugt, dass ich ihn jetzt öfter aufsuche um Kontakt zur „geistigen Welt" zu erhalten damit ich den Menschen, die in Trauer und unglücklich sind, von den vielen positiven Dingen, die ich gehört habe, berichten kann. Auch meine Tochter sagte im Nachhinein zu mir: „Mama, ich bin begeistert, ich wusste nicht, dass die Kommunikation mit dem Jenseits so interessant und glaubwürdig ist."
Heute möchte ich von ein paar Begegnungen aus dem „Jenseits" in dem Gruppenseminar mit John Olford berichten.

John ging auf einen Mann zu und sagte: „Hier ist jemand für dich! Der junge Mann, der sich aus dem Jenseits meldet, ist groß und schlank und hat kurze Haare mit blonden Strähnchen. Er sagt, als er starb, war es sehr kalt, denn er sei mit seinem Auto in einen See gefahren. Es ging alles sehr schnell und es war ein Unfall. Die Kälte des Wassers war beim Hinübergehen die unangenehmste Phase. Aber jetzt geht es ihm sehr gut." Er solle endlich aufhören, sich Vorwürfe über seinen Tod zu machen, denn es sei nicht seine Schuld.

„Kannst Du damit etwas anfangen?" wollte John wissen. Den Gesichtsausdruck des jungen Mannes werde ich nie mehr vergessen, denn ich saß ihm genau gegenüber.

Dann sagte er: „Ja, ich weiß ganz genau wer er ist. Er war mein bester Freund und er liebte schnelle Autos und ist mit seinem Pkw in einen See gefahren, weil er zu schnell fuhr und ist dabei ertrunken. Ich mache mir heute noch Vorwürfe, denn ursprünglich wollten wir zwei Tage vorher miteinander verreisen, er hat sich aber kurzfristig anders entschieden. Immer wieder stelle ich mir die Frage, seit seinem Tod, warum habe ich nicht darauf bestanden, dass er mit mir fährt."

Sein Freund aber sagte: „Du hättest nichts dagegen tun können, denn meine Zeit war abgelaufen. Meine Aufgaben, die ich auf dieser Welt zu erfüllen hatte, waren erledigt. Aber dein Auto nervt mich! Das ständige Rattern während der Fahrt hättest du schon lange reparieren lassen können."

Der junge Mann staunte nach dieser Aussage und bestätigte uns, dass er einen Defekt an seinem Fahrzeug hätte, den er aber bis jetzt noch nicht reparieren ließ.

„Kannst du dich noch an die tollen Partys erinnern, die wir am See immer gefeiert haben?" Er machte das zischende Geräusch einer Bierdose nach, die man gerade geöffnet hat.

Ich glaube der junge Mann ist gekommen, um seinem Freund die ständigen Schuldgefühle zu nehmen, unter denen er seit seinem Tod litt. Dieser Kontakt zwischen Himmel und Erde und seinem jenseitigen Freund hat ihm sicher geholfen, um wieder Ruhe in sein Leben einkehren zu lassen. Denn nach dem Tod eines geliebten Menschen macht man sich ständig Vorwürfe wie: „Hätte ich nur, oder was wäre gewesen, wenn, warum, wieso war ich nicht da usw." Aber nun hat uns wieder ein Jenseitiger berichtet: „Meine Zeit war abgelaufen!" Er hatte sein Ziel erreicht. Nur Gott kann uns nach Hause rufen, denn erst nach dem Tod, wenn wir unseren schweren, plumpen Körper abgelegt haben, fangen wir wirklich an zu leben, dann beginnt nämlich das „Ewige Leben" bei Gott. Da gibt es keinen Schmerz mehr, Blinde werden sehen, Lahme werden gehen, Taube werden hören. Genau dieser Satz ist für das Jenseits bestimmt. Wir dürfen keine Angst vor dem Tod haben, denn dieser beschert uns das unsterbliche Leben mit all den Menschen, die wir lieben.

Meine Besuche bei John Olford sind sehr wichtig, damit ich Ihnen das Erlebte in meinen Büchern weitergeben kann. Wie John mir mitteilte, kann er sich meistens nicht mehr an das Erlebte mit den Menschen aus dem Jenseits erinnern. Vielleicht ist es deshalb für ein Medium schwieriger über seine Verbindungen mit dem Jenseits zu berichten als für einen Außenstehenden. Ein Medium müsste alles auf einem Tonband oder einer CD aufnehmen, um den genauen Ablauf der Sitzung nachvollziehen zu können.

An diesem Abend meldete sich auch ein Herr bei einer Frau mittleren Alters. Ich möchte davon berichten, denn es war eine Erfahrung die mich sehr berührt hat. Ich nehme an, es war der verstorbene Mann, der mit seiner Frau Kontakt aufnahm.

Er sagte: „Seit dem Tod des Kindes glaubst du nicht mehr an Gott."

Sie sagte: „Das stimmt, ich habe den Glauben an einen guten Gott verloren!"

„Du musst wieder an Gott glauben", sagte er, „es ist wichtig!"

Der Frau standen Tränen in den Augen. Damit seine Frau auch glaubte, dass er tatsächlich jemand für sie aus dem Jenseits war, der sie sehr gut kannte, sagte er: „Du hattest kürzlich eine Knieoperation, du musst dich unbedingt schonen!"

Sie weinte, denn niemand von uns konnte von ihrer Knieoperation wissen, am wenigsten John. Vor uns allen bestätigte sie die Richtigkeit der Aussage.

Ein Jenseitiger fordert seine Frau auf, wieder an Gott zu glauben. Also, muss es auch einen Gott auf der anderen Seite geben. Diese Aussage kommt von einem Diesseitigen, der sich bereits seit Jahren im Jenseits befindet und mehr darüber wissen müsste als wir. Auch erstaunlich ist die Tatsache, dass die Jenseitigen noch immer an unserem Leben teilhaben. Das ergibt sich aus der Aussage: „Du hattest eine Knieoperation und du musst dich schonen!"

Dann sagte John: „Jetzt sehe ich eine ältere, kleine Frau, sie steht vor mir auf einen Stock gestützt, mit ganz dicken Brillengläsern." Er ging auf Tanja zu. „Ich glaube bei der älteren Dame handelt es sich um deine Großmutter. Sie ist heute gekommen um dir zu sagen, dass du ihrer Meinung nach zu viele Zigaretten rauchst. Du sollst damit aufhören. So etwas Unangenehmes hättest du nicht von ihr gelernt, sondern du hast damit angefangen, als du dich im Ausland aufgehalten hast. Du sollst so schnell wie möglich damit aufhören, das ist ihr Wunsch." John sagte, sie sei eine sehr resolute Frau.

Tanja raucht tatsächlich wie ein kleiner Schornstein und hat schon erfolglos versucht, sich diese schlechte Eigenschaft abzugewöhnen.
Dies ist wieder einmal ein Beweis, dass die Jenseitigen unser Leben verfolgen. Auch schlechte Eigenschaften werden von ihnen kritisiert.

Als John gerade damit beschäftigt war einem jungen Mann von seinem Kindermädchen, das im Jenseits ist, zu berichten, fragte John auf einmal ganz spontan die Teilnehmer, hier sei mein Schutzgeist und ob er eine Aussage des Schutzgeistes an mich weitergeben dürfe. Der junge Mann war damit einverstanden. Und die Jenseitige, die von meinem Schutzgeist unterbrochen wurde sagte: „Die Kleinen müssen immer zurücktreten", wenn die Großen kommen, gemeint war damit mein Schutzgeist. Ich war total überrascht über die Unterbrechung die meiner Person galt. Über die Aussage des Jenseitigen machte ich mir im Nachhinein noch viele Gedanken. Gibt es im Jenseits auch Hierarchien wie bei uns auf der Erde? Hat es womöglich etwas mit den Ebenen zu tun auf denen wir uns befinden?

Was mir dann von meinem Schutzgeist durch John übermittelt wurde verschlug mir die Sprache.

Er sagte zu mir: „Du hast dich mit deinem Buch jetzt endlich geoutet und das ist gut so, du musst aber weitermachen. Aber du hast ja bereits mit einem weiteren Buch über das Jenseits begonnen. Wir werden dich dabei unterstützen. Spürst du, wenn ich hinter dir am Computer stehe und dir die Gedanken schicke? Du schreibst ganz schnell auf deinen Computertasten und das, ohne nachzudenken. Wir sind dann immer bei dir. Du hast einen weiblichen und einen männlichen Schutzgeist, die dich beim Schreiben inspirieren. Aber du hast dir vorgenommen dein neues Buch anders als das Engelbuch aufzubauen. Du willst die Menschen interviewen, wie ein Reporter und über deren Erlebnisse und Erfahrungen mit der jenseitigen Welt schreiben. Das ist gut so. Manchmal müssen wir dich anschubsen, wenn du daran zweifelst weiterzuschreiben."

Nach den Aussagen von meinem Schutzgeist war ich völlig perplex über die Genauigkeit seiner Worte, denn wie konnte er meine Gedanken kennen? Wissen was ich tue? Obwohl ich an ein Leben nach dem Tod glaube, hat es mich doch geschockt, dass ich im Diesseits so beobachtet werde. Denn niemand außer mir konnte zum damaligen Zeitpunkt wissen, dass ich bereits wieder mit dem Schreiben eines neuen Buches über das Jenseits angefangen hatte, da ich mit noch niemandem darüber gesprochen hatte. Es hatte mich nämlich geärgert, dass mir so viele wunderbare Dinge passiert sind, als das Buch bereits veröffentlicht war und die schrieb ich dann auf. Meiner Lektorin teilte ich vorher noch mit, dass ich kein Buch mehr schreiben werde.

Als ich dann doch wieder mit dem Schreiben anfing hatte ich mir vorgenommen, in diesem Buch über die Schicksale anderer Menschen zu berichten, genau so, wie mein Schutzgeist es an diesem Abend übermittelt hatte. Er wusste alles über mich! Auf der einen Seite verspürte ich eine sehr große Freude aber auf der anderen Seite hat es mich auch ein wenig erschreckt, denn scheinbar können wir vor den höheren Mächten keine Geheimnisse haben. Das Gute wie das Böse das wir im Leben tun, wird wahrgenommen.

Ich hatte beim Schreiben des Buches immer die Anwesenheit eines Wesens gespürt. In meinem vorhergehenden Buch über die Engel habe ich darüber geschrieben. Wenn ich am Computer saß, verspürte ich immer einen Luftzug und wie von Geisterhand öffnete sich die geschlossene Türe von meinem Arbeitszimmer. Meine geistigen Helfer standen mir im wahrsten Sinne des Wortes zur Seite und haben mich inspiriert. Das ist auch genau das, was ich wollte, denn ich habe jedes neue Kapitel mit einem Gebet begonnen und um ihre Hilfe gebeten. Sie haben mich tatsächlich gehört und standen mir bei. Ich war in der Lage zu schreiben ohne nachzudenken oder in meinem Schreiben inne zu halten. Meine Finger waren meine Gedanken. Alles geschah ohne mein Zutun, als wenn mir die Gedanken von einer höheren Macht eingegeben wurden. Bücher werden tatsächlich im Himmel geschrieben. Ich freue mich auf die erneute Zusammenarbeit mit meinem Schutzgeist/ Engel, denn ich bin mir sicher, dass er mir wieder beim Schreiben behilflich sein wird.

Seine Aussage, ich hätte einen weiblichen und einen männlichen Schutzgeist, hat mich überzeugt. Denn ich habe zweimal meinen Engel gesehen. Der eine Engel war der Engel des Lichts (er erstrahlte in einem unbeschreiblich wunderschönen Licht): er war weiblich. Der Engel, der mir bei meiner Mutter erschien, machte auf mich den Eindruck, männlich gewesen zu sein. Aber warum mache ich mir Gedanken darüber, denn mein Schutzgeist teilte mir über John mit, die Engel seien wie Wasser. Versuche das Wasser zu erklären, sagen sie! Es verändert sich ständig. Die Engel nehmen die Gestalt an, die der Situation angepasst und erforderlich sind. Diese Aussage gab mir mein Schutzgeist, nachdem ich mit mehreren Freundinnen am Tag zuvor mit ihnen Engelbücher anschaute und wir uns Gedanken machten, warum die Künstler die Engel malten, diese so verschieden gesehen haben. Ich versuchte meinen Freundinnen nämlich anhand von Engelbildern zu zeigen, wie meine Engel aussahen.

Der Todestag von Papst Johannes Paul II.

Der 2. April 2005 ist der Todestag unseres Papstes. Nichts konnte mich heute, am 3. April 2005, von meinem Computer fernhalten, um über das Geschehen zu berichten. Ich wollte mir alles von der Seele reden, bzw. schreiben. Seit Tagen befinde ich mich in einem Zustand zwischen innerer Lähmung und Traurigkeit, denn wir müssen alle mit dem Tod des Papstes rechnen. Er ist ein sehr guter Mensch, der sehr viel für die Menschen getan hat. Ich bin sicher, dass der Fall der Mauer in Berlin auch durch sein Zutun passiert ist. Er hat die Menschen in Russland und auf der ganzen Welt zu besseren Menschen gemacht. Es gab noch nie einen Papst, der so viele junge Menschen überzeugen und mobilisieren konnte wie er. Aber er war, wie auch bekannt, ein dickköpfiger Papst, der, wenn er von etwas überzeugt war, nicht nachgab. Manche sagten, er war bei manchen Ideen etwas zu altmodisch. Aber er war gegen Abtreibung und das war gut so. In der heutigen Welt rechtfertigt sich keine Abtreibung, jedes Menschenleben ist kostbar und jede Seele hat einen Auftrag auf dieser Welt zu erfüllen.

Und nun möchte ich zu seinem Todestag, dem 2. April 2005, noch etwas berichten. Der Papst hat die polnische Ordensschwester Maria Faustyna Kowalska heilig gesprochen. Anfang der 30-iger Jahre ist ihr im Traum der Sohn Gottes erschienen und sagte: „Ich wünsche, dass der erste Sonntag nach Ostern zum Tag der Barmherzigkeit erklärt wird." Gott sagte weiter: „Dieser Tag soll ein besonderer Tag werden und der ganzen Welt Trost spenden. Jeder der an diesem Tag die Heilige Kommunion erhält, dem werden seine Sünden verziehen und ihm wird eine besondere Gnade zuteil. Wer aber an diesem Tag stirbt, der wird gleich in das Reich Gottes eingehen." Unser Papst starb nur ein paar Stunden vor dem „Tag der Barmherzigkeit!" Der Papst hatte diesen Tag, wie von Gott gewünscht, im Jahr 2000 eingeführt. Er war ein gütiger Mensch, der unserer Welt, bzw. den Politikern auf der ganzen Welt, immer wieder sagte: „Ihr müsst den Frieden erhalten, vermeidet Kriege, alle Menschen sind gleich!" Er wurde nie müde, er reiste um die ganze Welt, um den Menschen in der dunkelsten Ecke das Licht zu bringen, ihnen zu zeigen, Gott denkt an euch! Sein Zuhause war nicht Rom oder Europa oder Polen, nein, sein Zuhause war die ganze Welt und jetzt ist sein Zuhause dort, wo unser aller Zuhause ist. Nämlich bei Gott, im Jenseits sind wir zuhause. Deshalb „fürchtet Euch nicht", sagte auch Gott, unser Vater.

Der Papst schrieb kurz vor seinem Tod: **„Ich bin froh, seid ihr es auch!"** Als sich die Gläubigen vor seinem Sterben auf dem Petersplatz in Rom versammelten und den Rosenkranz beteten, da schaute der Papst noch einmal in Richtung der Gläubigen, hob seine Hand und sagte, als sie das Gebet beendet hatten: „Amen!" So sei es, daraufhin schloss er für immer die Augen und verstarb am 2. April 2005 um 21:37 Uhr.

Ich möchte Ihnen erzählen, was mir passiert ist. An diesem Tag musste ich ununterbrochen weinen. Ich sah mir die Sendungen über den Papst im Fernsehen an, bis ich mich entschloss, endlich abzuschalten und mit dem Weinen aufzuhören, denn schließlich erwartet unseren Papst ja etwas Wunderschönes. Er ist für uns nicht verloren, er wird nach seinem Tod auf der Ebene des Lichts und der Liebe bei Gott weiterleben. Ich machte den Fernseher aus und las in einem Buch. Kurz nach 21:40 Uhr ging ständig meine Nachttischlampe an und aus. Ich fühlte mich beim Lesen gestört und meckerte bereits, bis ich begriff, dass man mir ja vielleicht etwas durch das Licht mitteilen wollte, denn ich kommuniziere seit Jahren mit den Verstorbenen durch das Licht. Daraufhin schaltete ich den Fernseher wieder an, denn ich hatte das Gefühl, dass es etwas mit dem Sterben des Papstes zu tun haben könnte. Das erste, was ich im Fernsehen hörte, waren die Worte: „Der Papst ist vor einigen Minuten verstorben!" Durch das An- und Ausgehen des Lichts wollte man mir sagen, er ist jetzt bei uns angekommen.

Papst Johannes Paul der II. war für 27 Jahre der Stellvertreter Gottes, wir konnten sehr viel von ihm lernen. Alle Nationen trauerten: Christen, Moslems, Juden. Fidel Castro hatte eine 3-tägige Staatstrauer in Kuba angeordnet. Wer hätte das gedacht, dass ein einziger Mensch so viele Herzen berührt. Er war ein ganz besonderer Mensch, er litt an seiner Krankheit, aber er klagte nie, er war den Alten und Kranken ein Vorbild bis zu seinem Tod. Er zeigte uns, dass wir das Alter annehmen und damit fertig werden müssen. Er zeigte den jungen Menschen, dass sie für die Alten da sein müssen, denn auch sie werden einmal alt werden und eventuell die Hilfe anderer Menschen benötigen. Als er starb, betete ich und bat ihn darum, bei Gott ein gutes Wort für uns einzulegen und ihn zu bitten, uns Sündern unsere Sünden zu verzeihen und dass Gott Geduld mit uns hat. Wir werden noch viel lernen müssen, um so zu werden, wie es Gott gefällt, aber wir werden uns bemühen. Sein ganzes Leben und Leiden widmete er der „Mutter Gottes." Er verlor seine leibliche Mutter sehr früh und hat die Gottesmutter als seine Mutter auserkoren. In der Krone von der Statue der Jungfrau Maria von Fatima wurde die Pistolenkugel, mit der er am 13. Mai 1981 angeschossen und lebensgefährlich verletzt wurde, eingearbeitet. Er war bis zu seinem Tod der festen Überzeugung, die Mutter Maria habe ihm das Leben gerettet.

Noch bevor die Trauerfeier um den verstorbenen Papst beendet war, wusste ich, dass unser Kardinal Ratzinger aus Bayern sein Nachfolger werden würde. Ich bin sicher, es war der Wunsch von Papst Johannes Paul II. da er wusste, mit ihm würden auch seine Gedanken weiterleben. Heute ist Kardinal Ratzinger unser Papst Benedict XVI. Gott möge ihm Kraft geben und ihn beschützen!

Schrei einer Seele nach Hilfe

Das Buch „Engel und die Verstorbenen sind unter uns" war gerade ein paar Tage ausgeliefert, als ich die ersten Anrufe erhielt. Alle waren begeistert und gratulierten mir zu dem gelungenen Werk. Aber das Lob soll nicht mir gelten, ich gebe es an die Jenseitigen weiter, denn Bücher werden im Himmel geschrieben und sie haben mir die Gedanken geschickt. Ohne ihre Hilfe wäre ich niemals in der Lage gewesen, so ein Buch zu schreiben. Ich nehme mich dabei nicht so wichtig, denn ich bin nur ein Werkzeug Gottes. Die Lektorin hat bereits vorab zu mir gesagt: „Dieses Buch wird noch sehr viel Aufsehen erregen." Ich hoffte natürlich nur im Positiven und fragte auch nicht weiter nach.

Von einem Anruf und einem anschließenden Kennenlernen möchte ich Ihnen berichten, denn es hat meine Seele sehr berührt und mir gezeigt, wie wichtig dieses Buch für andere Menschen war. Die Frau, die bei mir anrief, sagte am Telefon: „Sie kennen mich nicht, aber ich habe Ihr Buch gekauft und gelesen, wie Sie mit den Verstorbenen kommunizieren." Sie fing an zu weinen und ich hatte sofort das Gefühl, ich muss helfen. Ich bat sie, mir ihr Herz auszuschütten. Sie weinte und redete und weinte wieder. Dem Gespräch war zu entnehmen, dass ihr Mann erst vor ein paar Monaten verstorben war und sie Probleme hatte, seinen Tod zu akzeptieren, denn sie war mit ihrem Mann sehr glücklich. Er war noch so jung. Sie wollte auch lernen, mit den Verstorbenen zu kommunizieren und war fasziniert, dass es bei mir möglich war, mit den Verstorbenen durch Licht in Kontakt zu treten. Sofort sagte mir eine innere Stimme, diese Frau ist selbstmordgefährdet, du musst sie sofort kommen lassen! „Bitte kommen Sie doch bei mir vorbei", hörte ich mich sagen. „Darf ich wirklich bei Ihnen vorbei kommen", sagte sie. „Aber natürlich, dürfen Sie das, und ich gab ihr meine Adresse. Bevor sie auflegte sagte sie zu mir: „Das mit dem Kommunizieren durch das Licht ist mir noch nie passiert." Ich sagte zu ihr: „Es wird passieren, sobald Sie die große Trauer und den Schock über den Tod ihres Mannes abgelegt haben. Ihre Aura ist durch den Schmerz für so wunderbare Kommunikationen noch nicht durchlässig."

Wir waren am gleichen Abend für 19 Uhr verabredet. Ich bot ihr am Telefon an, dass sie für ein paar Tage bei mir wohnen könne, aber sie verneinte, da sie zu Hause viele Tiere zu betreuen hätte.

Nach dem Telefonat fing ich ganz spontan an, mit meinem Schutzengel zu reden. Ich bat ihn, wenn sie käme, dann solle er doch das Licht dreimal an- und ausgehen lassen, damit sie etwas Trost erfährt und das Ganze selbst erleben darf.

Ohne die Frau jemals gesehen zu haben, wusste ich sofort, dass sie zierlich und sehr schlank ist. Ganz spontan wusste ich, dass sie monatelang keine richtige Nahrung zu sich genommen hatte. Sofort fing ich an meinen Vitaminschrank auszuräumen mit Kalzium, Magnesium, Vitamin B6, B12 und Enzymen. Das braucht ihr Körper unbedingt, sagte ich insgeheim zu mir.

Kurz nach 19 Uhr klingelte es bei mir. Als ich zur Haustür ging, bat ich nochmals um ein Zeichen des Himmels, damit ihr Schmerz ein wenig nachlässt. Als ich dann die Türe öffnete, stand vor mir eine traurige, unglückliche, zierliche, einsame und verlassene, aber sehr hübsche Frau, die man sofort lieb haben musste. Sie machte einen ganz hilflosen Eindruck und ich konnte sofort spüren, dass diese Frau in den letzten Monaten sehr viele Tränen geweint hatte. Und dann die große Überraschung! Sie kam bei mir zur Tür herein und das Licht ging dreimal an und aus. Ein Lächeln durchzog auf einmal ihr trauriges Gesicht und überglücklich bedankte ich mich bei meinem Engel oder wer auch immer dafür verantwortlich war. Es hat geholfen, sie ein wenig glücklich zu machen, wenn auch nur kurz.

Wir unterhielten uns bis zum frühen Morgen. Sie hatte in den letzten Monaten mehr durchlitten, als ein Mensch erahnen kann. Ich möchte nicht in Details gehen. Ihr Mann hatte Schilddrüsenkrebs und ist nach mehreren Operationen und schwerem Leiden verstorben. Vor der Operation fühlte er sich allerdings gut. Man weiß nicht, ob bei der Operation etwas schief gegangen ist, denn bei Schilddrüsenkrebs sind die Aussichten auf Heilung sehr groß. Meine Schwägerin litt auch an Schilddrüsenkrebs und wurde geheilt. Ihr Mann konnte einige Wochen nach der Operation nicht mehr atmen, und man machte deshalb einen Luftröhrenschnitt. Er konnte nicht mehr sprechen, sondern alle seine Wünsche musste er aufschreiben. Ein paar Stunden vor seinem Tod weckte er Ingrid mitten in der Nacht auf und wollte ihr ganz dringend etwas sagen. Sie konnte ihn aber nicht verstehen und brachte ihm Papier und Bleistift. Er schrieb auf den Zettel: „Zieh dich an, wir fahren nach Hause!" Ingrid konnte mit dieser Botschaft zu dieser Zeit aber nichts anfangen. Erst im Nachhinein, denn kurz nach dieser Mitteilung verstarb ihr Mann. Ich glaube, er war gedanklich bereits mit der anderen Welt verbunden und wurde darauf vorbereitet. Irgend etwas ist total falsch gelaufen, warum musste er so früh sterben? Aber nennen wir es besser: „Es war Gottes Wille."

Ich habe mir über das Gesagte sehr viele Gedanken gemacht. Ingrids Mann sagte kurz vor seinem Tod, „wir gehen nach Hause". Das heißt, hier auf dieser Welt ist nicht unser Zuhause, sondern unser Zuhause ist da, wo wir alle einmal hingehen müssen, nämlich in der jenseitigen Welt. Unsere Aufgabe auf Erden ist es, zu lernen für das richtige Leben, für das wahre Leben im Jenseits. Wir sind nur Gast auf Erden und alles was wir hier besitzen und uns anschaffen, ist nur zur Miete, Eigentum auf Zeit.

Wie ich von Ingrid erfahren habe (sie ist mittlerweile eine Freundin von mir), war/ist ihr Mann ein ganz lieber Mensch und sie führten 20 Jahre eine sehr glückliche Ehe. Sie brachte ein Foto von ihm mit und man konnte die Güte und die Menschlichkeit in seinen Augen sehen. Er ist ein sehr schöner Mann. Ingrid schilderte ihn als ihren ruhenden Pol, der sie immer wieder aufbaute und zum Lachen brachte, wenn sie einmal traurig war und es ihr nicht gut ging. Er war ihr Mittelpunkt, ihr Leben. Ich sagte zu ihr: „Du darfst nicht traurig sein, auch wenn er im Moment für dich nicht sichtbar ist. Er wird trotzdem immer bei dir sein. Er sitzt sicher gemütlich auf dem Sessel und hört uns zu. Wir können ihn nicht sehen, aber wir können seine Gegenwart spüren. Außerdem hat er dich zu mir geführt, damit dein Schmerz ein wenig nachlässt. Er wird dich immer wieder mit Menschen zusammenbringen, die dir helfen werden, mit deinem Schmerz besser fertig zu werden."

Ingrid berichtete mir, wie sie mit einer Freundin das Buch über die „Engel" kaufen wollte. Diese schlug ihr vor, das Buch zu kaufen und es ihr auszuleihen. Aber Ingrid sagte: „Ich will mein eigenes Buch!" Und sie war sehr froh über diese Entscheidung, denn es hätte ihr sehr viel gegeben. Außerdem kam sie durch dieses Buch an meine Telefonnummer und dann kam es zu den für sie wichtigen Gesprächen.

Ingrid teilte mir unter anderem mit, dass sie seit dem Tod ihres Mannes nicht mehr im gemeinsamen Schlafzimmer geschlafen hat, sondern jede Nacht auf der Couch im Wohnzimmer verbringt. Sie hat Angst im Schlafzimmer zu sein und die Nähe ihres Mannes nicht mehr spüren zu können. „Du wirst seine Nähe wieder spüren können, wenn dein Schmerz nachlässt und sich deine Aura wieder ein wenig erholt hat, denn du hast sehr viel mitgemacht in der letzten Zeit," sagte ich zu ihr. „Deine Liebe zu deinem Mann wird nie vergehen, aber dein Schmerz wird ein wenig nachlassen." Ich sagte ihr, dass sie mit ihrem Schmerz ihrem Mann sehr weh tut, denn auch er kann ihren Schmerz spüren. Er kann nicht wirklich ins Licht gehen, wenn sie ihn nicht loslässt.

Ingrid erzählte mir, dass es ihr aufgefallen sei, dass ihr Mann sie immer wieder mit Menschen zusammenbringt, welche ihr in ihrer neuen veränderten Lebenssituation weiterhelfen (und bereits sehr viel geholfen haben). Ingrid und ihr Mann haben erst vor einigen Jahren ein Haus gekauft, das noch nicht ganz renoviert war und noch einige Jahre Arbeit in Anspruch genommen hätte. Außerdem sei das renovierungsbedürftige Haus noch extrem verschuldet, da sie nur wenig Eigenkapital hatten. Die Rente ihres Mannes reicht gerade aus, um die monatliche Tilgung für das Haus zu zahlen. Sie hätte kurz vor dem Tod ihres Mannes ihren Arbeitsplatz gekündigt, um ihn zu versorgen, als er krank wurde. Nun sei sie arbeitslos und hätte auch keine Ansprüche auf Arbeitslosengeld oder andere Hilfen. Derzeit lebe sie von dem Geld, welches die Kollegen ihres Mannes gesammelt haben (er war Polizist). Sie möchte wieder arbeiten, hat bei Bewerbungen aber nur Absagen erhalten. Ihr Mann wollte noch kurz vor seinem Tod eine Lebensversicherung abschließen, er kam aber nicht mehr dazu und die Unterlagen und Versicherungs-vorschläge lägen noch immer in der Schublade. Ich sagte, sie müsse einen Teil ihres Hauses vermieten und ich würde ihr dabei helfen.

Als ich zu Ingrid sagte: „Ich nehme an, du hast in den letzten Monaten keine einzige gesunde Mahlzeit eingenommen," musste sie mir Recht geben. Sie antwortete: „Ich esse nur noch Nutella!" Das Essverhalten passte zu ihrer derzeitigen Situation. Das Essen von viel Schokolade bezeichnet den Verlust eines geliebten Menschen, den Verlust von Liebe und Zuwendung. Schokolade und Nüsse sind auch Nervennahrung für das Gehirn. Ihr Körper hat sich ganz unbewusst die Sachen genommen, die er nun ganz dringend benötigt. Gegen das Essen von Nutella war nichts einzuwenden, aber ihr Essverhalten müsste noch ein wenig ausgewogener werden. Ich bat sie zukünftig etwas mehr Gemüse, Obst und Fisch zu essen. Dann soll sie, Magnesium, Calcium, Enzyme und die Vitamintabletten, welche ich ihr gegeben hatte, einnehmen. Sie versprach es und wollte gleichzeitig wissen, was sie mir für die teuren Medikamente zahlen müsse. Ich sagte: „Nichts, aber mein Wunsch ist, werde bald wieder gesund."

Ingrids Seele war sehr krank und ich betete für ihren Schutz und die Hilfe aus dem Jenseits. Ich sprach auch mit ihrem verstorbenen Mann, dass er sie schützen und stärken möge und dass er ihr bald ein Zeichen schickt, denn ich war mir sicher, es würde ihr gut tun. Als ich mich an diesem Abend von Ingrid verabschiedete, hatte ich das Gefühl, dieses Zusammentreffen mit mir hat ihr sehr gut getan. Ich gab ihrem Mann das Versprechen, ich würde mich ab sofort um seine Frau kümmern.

Was mir dann aber am nächsten Tag passierte, habe ich noch nicht einmal Ingrid erzählt. Ich ging am nächsten Morgen zur Arbeit wie immer und auf dem Nachhauseweg wurde mir ohne ersichtlichen Grund plötzlich ganz komisch. Mein Körper fing an zu kribbeln und ich hatte das Gefühl, umfallen zu müssen. Es war, als stehe ich neben mir. Plötzlich bekam ich keine Luft mehr und dachte, nun muss ich ersticken. Es waren die gleichen Symptome, die Ingrids Mann hatte. Ich nahm auf der Straße Kreislauftropfen und fing an, zu Gott und meinem

Engel zu beten. Bitte, lasst mich jetzt nicht auf der Straße sterben, bitte helft mir, dass ich es wenigstens noch bis nach Hause schaffe. Ich hatte noch einen Fußmarsch von 2 km vor mir und ich kann bis heute nicht sagen, wie ich es schaffte, nach Hause zu kommen. Als ich daheim ankam und ich mich wieder ein wenig erholt hatte, rief ich sofort Tanja an. Ich schilderte ihr von dem Zusammentreffen mit Ingrid und meinen soeben erlebten Symptomen. Ich hatte die gleichen Beschwerden wie Ingrids Mann.

Tanja sagte: „Du darfst es nicht zulassen, dass er von deinem Körper Besitz ergreift, du musst ihn weg-schicken." Auch ich hatte bereits gelesen, dass es Verstorbene gibt, die sich eines Mediums bedienen, um mit ihren Familienangehörigen in Kontakt zu kommen. Das will ich aber nicht, denn dies war und ist mir noch immer unheimlich. Vielleicht hätte ich es anders erlebt, wenn ich Zuhause gewesen wäre.

Ich betete anschließend zu meinem Engel und zu Gott, dass ich zwar bereit bin, in ihrem Namen Bücher über das Jenseits zu schreiben und mich von ihnen inspirieren lasse. Aber ich werde es nicht zulassen, als Medium in Trance zu arbeiten, denn dies ist eine Sache, die mich zu sehr erschreckt. Niemand soll jemals Macht über mich erhalten.

Mit Ingrids Mann redete ich ebenfalls. Ich versprach ihm, mich weiterhin um seine Frau zu kümmern, aber nur, wenn das nicht mehr geschieht.

Was mir dann in dieser Nacht passierte, habe ich auch Ingrid erzählt und ihre Antwort hat mich sehr überrascht.

Bevor ich an diesem Abend zu Bett ging, dachte ich nochmals an das Gespräch mit Tanja, betete vor dem Einschlafen zu Gott und meinem Engel und bat sie, das mir so etwas Unangenehmes doch bitte nicht mehr widerfahren soll. So oder so würde ich mich weiterhin um Ingrid kümmern. Als ich diese Gedanken zu Ende gedacht hatte, kamen ganz viele kleine Blumen auf mich zu. Es war für mich ein wunderbares Erlebnis. Wollte mir da jemand „Danke" sagen?

Am nächsten Tag telefonierte ich mit Ingrid und wollte wissen, ob es ihr auch gut geht. Sie sagte zu mir: „Gestern hatte ich einen ganz furchtbaren Tag, es ging mir ganz schlecht, (ich dachte noch, genau wie mir) aber gegen Nachmittag sagte sie, habe ich dann die Tabletten von dir genommen und seitdem geht es mir wieder viel, viel besser. Komisch dachte ich noch, zum gleichen Zeitpunkt ging es auch ihr so schlecht. Was geht da nur vor? Ich sagte ihr nur, dass ich gestern Nacht ein sehr schönes Erlebnis hatte und erzählte ihr von den weißen Blumen, die mir entgegenkamen und Ingrid sagte: „Dass war mein Mann, denn er hat immer Blumen verschenkt, wenn er sich bei jemandem bedankt hat und er ist sicher froh, dass du mir geholfen hast." Alles andere, dachte ich mir, wird sie erfahren wenn sie das Buch liest. Aber ich hoffe, dass ihr Schmerz und das Leid für sie bis dahin etwas leichter zu ertragen sind und dass sie mit einem Lächeln und viel Liebe im Herzen dieses Kapitel lesen kann. Ich bin mir ganz sicher, dass ihr Mann und alle geistigen Helfer und die Menschen, die ihren Lebensweg kreuzen (nichts passiert zufällig), ihr zur Seite stehen und helfen, den Schmerz um den Verlust ihres geliebten Mannes leichter zu ertragen.

Ingrid und ich telefonieren sehr oft miteinander, denn Ingrid wohnt 20 km von mir entfernt und wir können uns deshalb nicht so oft sehen. Bei unserem letzten Telefonat hat sie mir schon etwas Schönes berichten können, was ich aufgeschrieben habe.

Ingrid träumte fast jede Nacht den gleichen Traum. Immer sah sie ihren verstorbenen Mann lachend und winkend einen Mineralöltransporter fahren. Seit sie diesen Traum hatte, schaute sie in jeden Mineral-öltransporter, um zu sehen, wer den Laster fährt. Beim letzten Mal befand sie sich in ihrem Pkw und ihr liefen die Tränen über das Gesicht. Sie sagte ganz verzweifelt zu ihrem Mann: „Was soll ich nur ohne dich tun, bitte, bitte schicke mir ein Zeichen, bitte, hilf mir!" In dem gleichen Moment als sie das gesagt hatte, schaute sie auf das vor ihr fahrende Kennzeichen des Mineral-öltransporters und auf dem Kennzeichen stand: „BE-TE". Das war die Antwort auf alle ihre und auch unsere Fragen, „bete." Durch unsere Gebete zu Gott und für unsere Verstorbenen können wir so viel Gutes bewirken. Wir können mit unseren Gebeten und guten Taten die Welt zum Guten verändern. Jede noch so trostlose, aus-weglose Situation können wir durch unseren Glauben und die Kraft der Gebete zum Positiven umkehren. Ich spüre die positive Energie, wenn ich für sie bete und an sie denke. Sie hat viele Helfer in der jenseitigen und in der diesseitigen Welt. Gott liebt uns! Mit Gottes Hilfe ist nichts unmöglich. Außerdem schickt er uns nie mehr Leid, als wir ertragen können. Jedes Leid, das wir im Leben erfahren müssen, ist eine Prüfung und wird uns als Sieger und gestärkt aus jeder noch so schwierigen und aus-weglosen Situation hervorgehen lassen.

Sie berichtete mir auch von einem Körbchen, das ohne ersichtlichen Grund immer zu drehen anfängt, sobald sie an ihren verstorbenen Mann denkt.

Ich war der Meinung, dass ein Besuch bei John Olford eine sehr gute Erfahrung für Ingrid sein würde und machte einen Termin bei einer Gruppensitzung für uns beide aus. Ich bat sie, mit ihrem Mann zu reden, dass er an diesem Tag doch bitte kommen möge, damit es ihrem Herzen ein wenig Erleichterung bringt.

Ingrid bei John Olford, dem Medium.

Auf diesen Tag wartete ich mit Spannung, denn ich habe alle geistigen Helfer gebeten, dass Ingrids Mann zu dieser Sitzung kommen würde. Dass dies nicht einfach ist, war mir bewusst, da er ja noch nicht so lange unter den Verstorbenen weilte (4 Monate) und es anfangs nicht einfach ist, sich in der jenseitigen Welt zurecht zu finden, denn dies dauert eine Zeitlang.

Zuerst kam ein Verstorbener für eine junge Frau. Es war ihr Vater. Er lobte seine Tochter, dass sie sich immer so forsch gegen die Männerdomäne in ihrer Familie durchsetzte, denn sie hatte mehrere Brüder.

Dann ging John auf Ingrid zu, wir saßen in der ersten Reihe und sagte: „Hier ist ein junger Mann der mit dir Kontakt aufnehmen möchte. Er ist sehr groß, breitschultrig und sehr gutaussehend. Er ist ein Mann, an den man sich anlehnen kann. Ich sehe eine Waffe, sagt dir das etwas?"
Ingrid blieb stumm. Ich hatte das Gefühl, sie stand regelrecht unter Schock.

Dann sagte John, „ich sehe auch eine grüne Mütze, er ist nicht beim Militär, er war Polizist, teilt er mir mit. Du würdest immer mit seinem Bild und seiner Uniform reden, sagt er mir, stimmt das?"

Ingrid fing auf einmal an zu weinen und nickte mit dem Kopf.

„Er sagt, du sollst nicht traurig sein, denn er ist immer bei dir. Außerdem hätte er dich in einem großen Schlamassel zurückgelassen. Für euer Vorhaben hätte er mindestens noch 2-3 Jahre benötigt."

Es musste sich um die Umbauarbeiten des Hauses handeln, denn nach Ingrids Aussage waren die Umbauarbeiten noch nicht abgeschlossen.
Ingrid wollte wissen, warum sich das Körbchen in der letzten Zeit nicht mehr so oft drehen würde, wie dies am Anfang der Fall war.

Ihr Mann sagte: „Damit wollte ich dir am Anfang nur zeigen, dass ich bei dir bin, aber ich nehme an, du kannst es nun spüren und hast es auch verstanden. Ich bin heute gekommen um dir zu sagen, dass ich dich sehr liebe und immer bei dir bin. Ich werde dich nun mit all meiner Liebe umgeben und einhüllen."

Gabi, die direkt neben Ingrid saß, spürte augenblicklich eine extreme Hitze neben sich.

„Du musst aber nun auf der Erde dein Leben weiterleben und aufhören zu trauern, denn mir geht es gut. Du hast noch einige Aufgaben auf dieser Welt zu erfüllen."
Aber diesen Satz wollte Ingrid nicht hören und rief, das glaube ich nicht, das hat er nicht gesagt. Sie konnte es nicht glauben, dass ihr Mann sagte: „Du musst dein Leben weiterleben," denn Ingrid wollte hören, du musst kommen, ich warte auf dich. Die Verstorbenen sind aber in einer Ebene, wo sie besser als wir verstehen, was Tod und Leben bedeutet. Sie wissen, dass wir noch einige Aufgaben zu erfüllen haben. Sie sind nicht die Richter

über Leben und Tod, sondern Gott alleine. Nur er bestimmt, wann unser Leben auf der Erde beendet ist. Ingrid aber wollte ihrem Mann folgen und ebenfalls sterben.

Ingrids verstorbener Mann sagte zu John, es gäbe Dinge, über die er vor so vielen Menschen nicht reden könnte und dass er sich Sorgen um seine Frau mache, weil sie ihm unbedingt folgen möchte.

John hat nach der Sitzung mit Ingrid darüber gesprochen. Es ging darum, dass ihrem Mann bewusst war, das sie nicht mehr leben wollte ohne ihn. Viele Menschen haben ihr anschließend geholfen ihr Leben wieder in den Griff zu bekommen.

Dann kam die kleine Tochter eines jungen Mannes, sie erkrankte mit 4 Jahren an Leukämie und starb. Sie sagte, ich hatte schlechtes Blut, deshalb musste ich sterben. Hier sitzen ja lauter liebe Leute, ich gebe ihnen allen ein Bussi. Ihr Vater sagte, du bist doch eine alte Seele, bitte hilf uns, wie soll unser Leben ohne dich weitergehen. Die Kleine sagte, seid lieb zueinander und nehmt euch in die Arme. Der Vater wollte einfach mehr wissen. Aber sie gab ihm immer die gleiche Antwort. Ihr müsst euch lieb haben, dann wird alles wieder gut. Ich gehe jetzt, sagte die Kleine. Wo gehst du hin, wollte der Vater wissen? Ich muss arbeiten, aber du musst doch nicht arbeiten, sagte er, du bist doch viel zu klein. Doch, denn ich muss dafür sorgen, dass die Sonnenstrahlen in die Herzen der Menschen kommen die traurig sind. Ich bin für die Farben der Regenbogen zuständig, betonte sie nochmals.

Das kleine Mädchen gab dem Vater das Patentrezept für eine glückliche Beziehung, aber er wollte etwas ganz anderes hören. Aber gibt es einen besseren Rat, als den eigenen Eltern zu sagen, nehmt euch in den Arm und habt euch lieb?

Dann kam ein sehr kräftiger Mann. John ging auf eine ältere Dame zu, die mit ihrer Tochter da war, und sagte; „Der Mann, der jetzt neben mir steht, hat ein ganz schlimmes Schicksal erlitten. Er zeigt sich, wie er lange Jahre vor seinem Tod aussah, denn als er starb, war er bis zum Skelett abgemagert. Er durchlebte die Hölle. Er wog bei seinem Tod nur noch 39 kg, er hatte Krebs. Und er bedankt sich bei euch für die Fürsorge, die er von euch bis zu seinem Tod erhalten hat und er dankt euch, dass ihr dafür gesorgt habt, dass er endlich erlöst wurde. Etwas Schöneres hättet ihr nicht für ihn tun können." Er sagte, jetzt könne er wieder alles essen und zeigte John ein Eisbein, denn das war sein Lieblingsessen.

Seine Frau fragte ihn, ob er böse über ihre Entscheidung war? Nach seiner Antwort zu urteilen nehme ich an, dass sie nach seinem Tod wieder geheiratet hat, denn er sagte: „Dein Herz ist so groß und so gut. In deinem Herzen ist so viel Platz, dass du auch mehrere Menschen lieben kannst. Er sei sehr oft bei ihr, aber er würde sich immer wieder diskret zurückziehen wenn es angebracht sei, sie solle sich keine Sorgen darüber machen.

Die Verstorbenen sind noch mit all ihrer Liebe auf der anderen Seite für uns da. Sie warten auf den Tag, wo sie uns in Empfang nehmen und uns mit auf die göttliche Ebene führen können. Nicht immer haben wir die gleichen Ebenen auf Erden verdient. So kann es vorkommen, dass Ihr Partner eine höher entwickelte Seele ist und Sie auf verschiedenen Ebenen zu Hause sind. Aber die Seele der höheren Ebene kann jederzeit auf die niedrige Ebene kommen, jedoch nicht umgekehrt.

Die höhere Ebene muss man sich erst verdienen. Deshalb waren wir ja auf der Welt, um zu lernen. Aber manche Menschen haben auf dieser Welt nicht viel gelernt und müssen deshalb wiederkommen oder sich im Jenseits durch viel Gutes verdient machen.

Sind Träume Geschenke und Warnungen aus dem Jenseits?

Träume sind Schäume, das habe ich während meiner Zeit als Kind immer gehört. Allerdings habe ich in den letzten Monaten und Jahren mehr über Träume erfahren und auch selbst einiges erlebt, wodurch ich sagen kann, dass Träume auch ein Geschenk aus dem Jenseits sein können. Die Verstorbenen möchten uns aus ihrer neuen Welt etwas mitteilen. Haben Sie nicht auch schon manchmal etwas geträumt und sich hinterher gewundert, das der Traum wahr geworden ist?

Träume sagt man, sind Phantasie - Erlebnisse, etwas Unwirkliches oder Ersehntes, was sich Menschen im Traum zusammenreimen. Wir leben unsere Wünsche in unseren Träumen aus. Aber wir können diese nicht steuern, denn es ist unser Unterbewusstsein, das die Kontrolle über unsere Gedanken übernimmt. Oder ist es vielleicht gar kein Traum? Ist es eine Art der Gedankenübertragung aus der „Geistigen Welt?" Untersuchungen bestätigen, dass alle Menschen und auch Tiere träumen. In den Träumen sind die Orte und Zeitbegriffe meistens unklar definiert. Aber wie ist es möglich, dass es Menschen gibt, die etwas träumen und es im Nachhinein genau so passiert. Ist es eine Art Vorbereitung auf die Zukunft? Auch wenn der Mensch schläft, so ist der Geist niemals untätig. Wenn man schläft werden die Bänder, die Leib und Seele zusammen halten, gelockert, der Körper benötigt im Schlaf den Geist nicht. Deshalb kann es vorkommen, dass die Seele sich im Schlaf vom Körper entfernt und sich mit anderen Seelen trifft, die bereits von uns gegangen sind. Morgens werden Sie wach und erinnern sich nur noch vage an Orte oder an das Geschehen während der Nacht. Sie reden von guten oder schlechten Träumen, aber es war meistens kein Traum. Sie durften Dinge sehen, die im Wachzustand nicht möglich waren, es sind Dinge, die Sie im Schlaf erlebt haben. Der Geist erlangt während der Schlafphase einen Teil seiner Freiheit wieder, so kann er sich mit den Menschen aus der jenseitigen Welt treffen, ohne es nachher auch nur zu ahnen. Die Seele sieht, was sich an einem anderen Ort ereignet. Der Geist des Menschen geht anschließend wieder durch das Tor des Vergessens. Warum werden Sie sich fragen? Könnten wir unsere Arbeit gut machen, wenn wir mehrere Arbeitgeber hätten? Wenn es auf der anderen Seite schöner ist, mit all unseren Freunden und Bekannten im Jenseits, wollten wir dann wieder auf diese Erde mit all dem Leid zurückkehren? Sicherlich nicht!

Bereits um 2000 vor Christus gab es Berichte der Ägypter von der Traumdeutung. In der Antike galten Träume als göttliche, gelegentlich auch als dämonische Eingebungen, die zum größten Teil als eine Weissagung für die Zukunft ausgelegt wurden.
Sigmund Freud hat Träume wieder anders interpretiert. Er spricht bei Träumen von drei gebildeten Elementen: nächtliche Sinneseindrücke, Gedanken und Vorstellungen, die mit dem Tagesgeschehen zusammenhängen, und Verdrängtes. Jeder Mensch träumt und zwar meistens drei- bis sechsmal pro Nacht in Phasen von 5 bis 40 Minuten. Beim Träumen kommt es zu leichten Muskelspannungen, die Augen bewegen sich leicht, es kommt zu unregelmäßigem Atmen. Bei

mindestens 50 Prozent der Träume handelt es sich um Auszüge aus dem Tagesgeschehen vom Vortag.

Aber unsere Welt entwickelt sich weiter und wenn ich Bücher lese, die in den 50-er Jahren geschrieben wurden, (man ging ganz vorsichtig mit den Worten und Beschreibungen um) muss man staunen, wie viel offener die Menschen heute für Übersinnliches geworden sind. Mittlerweile wird dem Ganzen auch sehr viel mehr Aufmerksamkeit und Zeit geschenkt und jeder möchte wissen, wo er einmal hin muss, wenn er stirbt. Das war nicht immer so. Alles was mit Tod zu tun hatte, wurde weit, weit weg gewünscht, nach dem Motto, sterben müssen nur die anderen. Aber Sterben ist etwas Schönes, ich habe mich mit so vielen Menschen unterhalten, die bereits klinisch Tod waren und jeder von ihnen berichtete mir, wie schön es auf der anderen Seite war. Natürlich waren es nur Nahtoderfahrungen und sie mussten wieder zurück, aber niemand von ihnen hatte danach noch Angst vor dem Tod. Der Tod ist nicht grausam, sondern das Leben. Unsere Welt, wo es so viele Menschen gibt, die sich das Leben gegenseitig unnötig schwer machen, ist mit dem Jenseits nicht vergleichbar.

Heute möchte ich Ihnen aber von dem Traum erzählen, der mich vor einigen Wochen ganz schön aus dem Gleichgewicht brachte. Die ganze Nacht träumte ich von einem toten Mann, der in einem Bus lag. Er war dunkelhaarig und hatte lockiges Haar. Der Traum wiederholte sich die ganze Nacht und ich stand morgens wie gerädert auf und musste immer wieder an diesen Traum denken. Ich fragte mich ständig, was soll das bedeuten? Soll ich oder meine Familienmitglieder nicht mehr mit dem Bus fahren? Wird etwas passieren? Ich dachte ständig daran und konnte diese Gedanken an den toten Mann im Bus nicht mehr verdrängen. Dann stellte ich fest, dass ständig, wenn ich abends im Bett lag um zu lesen, meine Nachttischlampe an- und ausging. Ich kommuniziere zwar mit den Verstorbenen über das Licht, aber was sie da mit mir machten, fand ich nicht mehr lustig. Ich sagte ganz laut: „Jetzt reicht es mir aber, ich weiß nicht, was ihr von mir wollt, aber wenn es etwas Wichtiges ist, schaut zu, dass ich es erfahre!"

Am nächsten Tag kam meine Mutter zu mir und sagte: „Ich muss dir etwas sehr trauriges mitteilen, dein Freund Robert, ist mit einem Bus in der Schweiz tödlich verunglückt (er ist dunkelhaarig und hat lockiges Haar). Ich hatte von dem Busunglück gehört, seitdem wurde ich auch von dem An- und Ausgehen meiner Nachttischlampe belästigt, wusste aber nicht, dass Robert in diesem Bus war. Wollte er mir mit dem Traum etwas sagen? War es seine Art, mich darauf vorzu-bereiten, was mit ihm passiert war, weil ich ja nicht wusste, dass er auf der anderen Seite ist? Nachdem ich dann von seinem Unfall erfahren hatte, hat mich meine Nachttischlampe nicht mehr strapaziert. Robert hatte, nachdem seine Tante uns von seinem Unfall berichtet hatte, seinen Frieden gefunden. Sie erzählte mir, dass er diese Reise gewonnen hatte und eigentlich gar nicht mitfahren wollte. Noch als er vor dem Bus stand um einzusteigen, wollte er wieder umkehren, als wenn eine innere Stimme ihn gewarnt hätte. Aber seine Freundin überredete ihn, doch endlich einzusteigen, denn so einen schönen Urlaub könne er sich doch nicht entgehen lassen. Es wurde für ihn eine Reise in den Tod. Sein Schutzengel konnte ihn nicht beschützen, denn seine Zeit auf dieser Erde war abgelaufen, alle seine Aufgaben bei uns waren erfüllt. Er lebt nun auf einer anderen Ebene weiter. Auf der Ebene des Lichts und der Liebe. Ich dachte daran, wie froh sein Vater und seine Mutter jetzt in der jenseitigen Welt sind, ihren geliebten Sohn wieder bei sich zu haben.

Einen Tag später ging ich in die Kirche und habe eine Kerze für ihn angezündet und aufgestellt. Es hat sehr viel Frieden über mich gebracht und ich bin sicher, Robert haben die Gebete geholfen.

Ingrid träumte kurz vor dem Tod ihres Mannes, dass sie nicht mehr lange mit ihm zusammen sein würde und dass sie ihn bald verlieren wird. Der Traum war so real, dass sie vor lauter Angst nachts aufwachte. Sie dachte noch: „Zum Glück war es nur ein böser Traum" und schmiegte sich wieder an ihren Mann. Aber nur ein paar Monate später wurde dieser schlimme Traum bittere Wahrheit für sie, denn ihr geliebter Mann starb tatsächlich. Ihr Traum war eine Himmlische Botschaft und bereitete sie auf seinen baldigen Tod vor.

Gabi, von deren Tochter Andrea ich in meinem anderen Buch berichtet habe, hatte auch einen Traum vor dem Tod ihrer Tochter. Sie träumte immer wieder von einem Grab, auf dem sich ganz viele Stiefmütterchen befanden. Aber eigentlich war es Andrea, die ihre Mutter auf ihren baldigen Tod vorbereitet hatte. Sie sagte immer: „Was passiert mit mir? Ich kann spüren Mama, ich muss bald sterben, denn ich werde immer wieder umarmt und Papa wird mich bald zu sich holen." Ihr Vater war Jahre zuvor verstorben. Aber Gabi hat das Ganze verdrängt. Bis zu dem Tag als Gabi Andrea morgens tot in ihrem Bett fand. Sie war weder krank noch hat sie jemals Drogen genommen und sie starb mit 19 Jahren.

Das gleiche passierte Gabi kurz vor dem Tod ihrer Eltern. Im Traum konnte sie das Fahrzeug ihrer Eltern sehen. Sie sah, wie der Vater und die Mutter im Auto saßen und lächelten. Ihre Mutter winkte ihr noch zu, dann fuhren sie beide weg. Eine Woche später sah sie sich im Traum am Grab ihrer Eltern stehen. Jemand sagte zu ihr, aber es sind mehrere, die ums Leben kommen. Gabi hatte das Gefühl, dummes Zeug geträumt zu haben, bis sie ein paar Wochen später von der Todesnachricht ihrer Eltern erfuhr. Ein Motorradfahrer ist mit seinem Motorrad in das Fahrzeug ihrer Eltern gerast und hat beide mit in den Tod genommen. Es war ein furchtbarer Schock für sie.

Ich muss Gabi noch heute dafür bewundern, dass sie nicht am Leben verzweifelt ist. Innerhalb kurzer Zeit wurden ihre Tochter, ihr Mann und ihr Vater und die Mutter zu Gott gerufen.

Ohne mein Zutun führt mich eine höhere Macht immer wieder mit Menschen zusammen, deren Erlebnisse mit ihren Verstorbenen eine Bereicherung für mein Buch sind. Das gibt mir wiederum die Gewissheit, dass ich auf dem richtigen Weg bin. Die Menschen finden mich. So lernte ich auch durch Zufall Gerda kennen.

Das Schicksal von Gerda war für sie fast unerträglich, bis sie Kontakt mit ihrer verstorbenen Tochter durch ein Medium bekam. Diese hatte Gerda am 28. März 1998 durch einen tragischen Umstand verloren. Ihr Tod wurde ihr zweimal durch einen Traum offenbart, wobei sie beim ersten Mal nicht sicher war, ob es ein Traum war oder Realität.

Ihr Vater starb ein paar Wochen vor dem Tod ihrer Tochter Simone. Sie konnte sehen, wie er vor ihr stand und wie sein ganzer Körper von einem ganz hellen Licht umgeben war und er sagte: „Da wo ich jetzt bin, ist es wunderschön und ich habe schon viele Freunde und Bekannte getroffen." Gerda fragte ihn: „Hast du Mama auch gesehen?" Er sagte: „Die Mama sehe ich nur manchmal, sie ist auf einer anderen Ebene!" Dann sah Gerda sich aus dem Zimmer gehen und wurde dann von einer Türe ganz fest an eine Wand gedrückt. Sie hatte das Gefühl, sie könne vor Angst und Schreck nicht mehr atmen. In diesem Moment spürte sie, dass ihr Vater sie zärtlich berührte. Aber als sie die Berührung wahrnahm, konnte sie ihren Vater nicht mehr sehen. Über das Erlebte machte sie sich noch sehr lange Gedanken. Erst im Nachhinein konnte sie diese Vision verstehen.

Ein paar Tage später hatte Gerda einen furchtbaren Alptraum. Sie träumte immer wieder den gleichen Traum. Sie sah am Zaun ihres Gartens ein Holzkreuz stehen, wie man sie auf Friedhöfen sieht, wenn gerade jemand verstorben ist und beerdigt wurde. Auf dem Kreuz stand ein Namen, den sie im Traum aber nie erkennen konnte. Ein paar Tage später fand sie ihre Tochter Simone an dieser Stelle tot im Garten liegen. Nur dieses Mal war es kein Traum sondern Realität.

Wurde Gerda bereits aus dem Jenseits auf ihren großen Schmerz vorbereitet? Kam deshalb ihr Vater zu ihr um zu sagen, bei uns ist es wunderschön, damit sie, wenn sie vom Tod ihrer Tochter erfährt, nicht ganz so traurig ist? Aber trotz dieser Vision haben Gerda und ihr Mann sehr darunter gelitten, denn die Umstände wie Simone ums Leben kam waren sehr dramatisch. Gerda machte sich ständig Vorwürfe, ob sie den Tod ihrer geliebten Tochter nicht hätte verhindern können. Warum haben die Anzeichen gefehlt? Simone nahm Schlaftabletten um ihrem Leben ein Ende zu setzen. Aber Simone war krank, nur die Ärzte und Therapeuten haben ihre wahre Krankheit nicht erkannt. Simone wollte nicht mehr leiden.

Aber auch Alpträume anderer Art können wahr werden. So zum Beispiel geschah es in Ohio, dort lebte David, der viele Nächte hintereinander immer den gleichen Traum träumte. Immer wieder sah er im Traum wie bei einer DC-10 Maschine die Motoren ausfielen, das Flugzeug sich dann überschlug und dann in Flammen aufging. Es handelte sich dabei um eine amerikanische Fluglinie. Er konnte nicht nur den Unfall miterleben, nein, er fühlte sogar die Hitze des Feuerballs. Er hatte das Gefühl, wahnsinnig zu werden, denn jede Nacht, sobald er schlief, ereilte ihn der gleiche Traum. Jedes Mal wachte er voller Panik auf. Als die Träume immer lebhafter wurden, entschloss er sich, am 23.05.1979 die Luftfahrtbehörde anzurufen und ihnen von seinen Alpträumen zu berichten. Er hatte kein gutes Gefühle dabei, denn er wusste ja nicht, was die Leute von ihm denken würden. Man hatte zwar seinen Anruf ernst genommen, aber die Katastrophe, die sich dann am 26.05.1979 ereignete, war nicht zu verhindern. Eine DC 10 der American Airlines ist beim Start zerschellt und in Brand geraten. Die 273 Flugpassagiere konnten nur noch tot aus dem ausgebrannten Flugzeug geborgen werden. Nachdem das Unglück, wie David es geträumt hatte, tatsächlich so eingetreten war, muss man sich wundern, wie sein Traum mit der Realität übereinstimmte. Selbst die kleinsten Details des Traumes waren stimmig. Seltsam war die Tatsache, dass es weder David noch ein Mitglied seiner Familie betraf. In der Regel haben Träume, die dann Wirklichkeit werden, meistens mit Freunden oder Familienangehörigen zu tun. Es sei denn, David hätte vorgehabt in ein Flugzeug zu steigen und sollte von den Jenseitigen gewarnt werden.

Vor kurzem hatte ich einen Traum, in dem ich eine Frau sah, die mit mir ein Fotoalbum anschaute. Es waren die Bilder von einem sehr guten Freund aus Südafrika. Sie zeigte mir im Traum alle Bilder vom Babyalter bis zu seinem Tod und sagte immer wieder: „Mein Mann ist tot." Ich war mir in diesem Moment sicher, dass Franzi tatsächlich gestorben war, denn seit seinem Tod ereigneten sich bei mir die unwahrscheinlichsten Dinge. Aber wie die Menschen sind, verlassen sie sich nicht gerne auf Träume oder Übersinnliches und ich versuchte mit seiner Familie in Wien Kontakt aufzunehmen, denn seine Frau kannte ich nicht, ich wusste nur, dass sie Monika hieß. Lange konnte ich niemanden telefonisch erreichen, doch genau an dem Tag, als ich darüber schreiben wollte, zog es mich magisch ans Telefon und ich wählte wieder die Telefonnummer seiner Mutter in Wien und diesmal hatte ich Glück. Ich wusste, das ihr Sohn tot war aus Träumen und Erscheinungen, aber ich konnte doch unmöglich fragen, ob ihr Sohn tot sei und ich wollte auch nicht fragen, wie geht es ihrem Sohn? Plötzlich sagte sie zu mir, „Marlene, der Franzi ist tot, er ist am 23. März 2002 an einem Schlaganfall verstorben."

Im Nachhinein muss ich sagen, dass kurz nach seinem Tod sich mein ganzes Leben verändert hatte. Mir wurden so viele Dinge aus der geistigen Welt gezeigt, wie es vorher nie der Fall war und ich bin mir sicher, das er damit zu tun hat.

Kurz nach diesem Traum suchte ich nach der Adresse seiner Frau in Südafrika und schrieb ihr einen Brief. Obwohl ich wusste, dass er bereits verstorben war, wagte ich nicht, dies im Brief zu erwähnen, denn ich wusste es ja nur aus einem Traum. Ich wollte es von ihr wissen.

Wenn Sie glauben, dass Träume Schäume sind, dann verlassen Sie sich auf Ihr Gefühl und denken Sie an das, was mir passiert ist. Es waren keine Schäume, sondern es waren Menschen, die mich aus dem Jenseits im Schlaf besucht haben, um mir mitzuteilen, dass es sie noch gibt, sie aber die Seite gewechselt haben.

Mama, mir geht es gut

Nach dem Tod von Simone und Andrea lernten sich Gabi und Gerda kennen. Der plötzliche Tod der beiden Mädchen und die furchtbare Trauer waren der Grund, um gemeinsam zu einem Medium zu gehen. Ich möchte darüber berichten, denn ich habe mir die Kassetten angehört und alles für Sie, die Sie vielleicht auch in Trauer leben, aufgeschrieben. Es ist mir ein großes Bedürfnis oder besser gesagt, es ist der Wunsch aus der geistigen Welt, dass ich mit meinen Büchern ganz vielen Menschen Trost spenden kann. Ich habe schon viele Bücher geschrieben, wäre aber nie auf den Gedanken gekommen, Bücher dieser Art zu schreiben. Aber wie ich aus der jenseitigen Welt erfahren habe, wurde ich langsam darauf vorbereitet. Anfangs habe ich mich dagegen gesträubt, denn ich machte mir Sorgen, was die Leute von mir denken würden.

Simone spricht durch ein Medium aus dem Jenseits:
Ich bin die Seele von Simone und ich grüße dich liebe Mama. Es ist so schön hier und es ist schön, mit dieser Ebene, die mir einst so nah war, in Kontakt zu treten. Und doch kommt es mir vor, als wenn es schon Ewigkeiten her wäre. Dies kommt daher, dass ich ja nicht lange in dieser Schwingung war. Denn diese kurze Zeitspanne auf der Erde ist in meiner jetzigen Ebene nur ein kleiner Augenblick. Ich möchte dir sagen, Mama, hab Mut und hab Vertrauen und lasse alles los, lass auch mich los, ja bitte, lass mich los. Bitte trauere nicht um mich. Du brauchst keine Angst zu haben. Alles geschah, wie unser göttlicher Vater es vorgesehen hatte. Ich bin

nicht alleine hier. Helfer und liebe Seelen sind immer bei mir. Seelen die ich auch im irdischen Dasein bei mir hatte. Weine nicht um mich! Ich werde eines Tages da sein und dir, wenn du kommst, mein Paradies zeigen in dem ich schon bin. Ich habe eine besondere Aufgabe übernommen hier in der geistigen Ebene. Ich betreue viele Kinder, die hierher kommen, die ihr irdisches Leben früh aufgeben mussten. Und all diese Kinder, die in Wirklichkeit hohe Lichtseelen sind, werden jetzt von mir unterrichtet und vorbereitet auf ihren weiteren Weg. Ihr könnt nichts dafür und ihr habt nichts mit meinem Fortgang zu tun. Eines Tages werde ich dir die näheren Umstände erklären, wenn du es verstehst. Gehe weiter auf dem geistigen Weg, denn es ist wichtig, dass du **die geistigen Gesetze verstehen lernst, dann wirst du auch alles was war verstehen.** Auch ich bin mit meinem Bewusstsein ganz oft bei dir. Am Anfang war es nicht ganz leicht für mich, die richtige Ebene zu finden. Ich war zuerst in der Dunkelheit stecken geblieben, weil ich mich nicht so recht getraute. Ich konnte es nicht glauben, dass es wirklich so ist, deshalb habe ich im ersten Moment etwas gezögert, ins Licht zu gehen, aber nun bin ich da. Ich bin bei dir und auf meiner Ebene, denn beide Ebenen liegen ganz eng beieinander, näher als die meisten wissen. Trage nicht mehr Trauer, trage nicht mehr Schwarz, kaufe dir etwas Fröhliches, Buntes, denn mir geht es doch gut. Wenn du in die Geschäfte gehst um Kleider zu kaufen, dann schubse ich dich immer an, damit du mal wieder etwas Fröhliches kaufst und auch trägst. Außerdem war ich bei den Auseinandersetzungen dabei, die du mit Papa hattest, als ihr das Bad neu gestaltet und renoviert habt. Ich grüße dich und sende dir meine Liebe.

Alles, was ihre Tochter gesagt hatte, war richtig. Nun möchte ich noch kurz berichten, was mit Simone geschah. Sie war (bzw. ist) ein sehr intelligentes Mädchen. Sie machte ihr Fachabitur und wurde dann Arzthelferin. Ihr Beruf machte ihr sehr viel Freude, denn nachdem sie auf der anderen Ebene Kinder betreut war klar, dass sie ein Mensch ist, der gerne anderen Menschen hilft. Sie strahlte eine enorme Lebensfreude aus, war ein sehr tiefgründiges, sensibles Mädchen und hatte sehr viele Freundinnen. Trotzdem war sie eine sehr zurückhaltende junge Frau, die sich nicht gerne in den Vordergrund drängte. Aber sie wusste immer, was sie wollte, vor allem liebte sie Kinder und Tiere.

Es geschah nach einem Faschingsball. Simone kam plötzlich wie erschlagen Nachhause und sagte; „Mama, ich habe das Gefühl als habe man mir mit einem Gewehr in den Kopf geschossen." Von diesem Tag an ging es Simone immer schlechter. Sie konnte sich nichts mehr merken, konnte ihrer Arbeit nicht mehr richtig nachgehen und sagte täglich, „ich schaffe es nicht mehr, Mama, ich schaffe es nicht mehr, denn ich weiß nicht, was mit mir passiert ist." Sie hat niemals Drogen genommen, keinen Alkohol getrunken oder jemals geraucht. Niemand wusste, was mit ihr los war. Nachdem alle Untersuchungen beendet waren, wurde sie mit Psychopharmaka behandelt. Man gab ihr Antidepressiva und sie musste eine Psychotherapie machen. Ihr Therapeut war ihr auch keine große Hilfe, denn er machte genau das, was man nicht tun sollte, er wurde ungeduldig und schimpfte mit ihr.

Ich habe zwar nur eine Ausbildung als Heilpraktikerin aber die von der Mutter geschilderten Symptome lassen vermuten, dass es ein Hirnschlag oder eine Hirnblutung - ein Riss eines Blutgefäßes im Kopf - hätte sein können. Aber scheinbar hat man dieses Thema gar nicht aufgegriffen, da sie noch so jung war.

Simone schlich sich am Abend ins Haus, ohne das ihre Eltern etwas davon bemerkten, denn sie hätte in der Klinik sein sollen. Sie musste aufgrund ihrer Krankheit sehr verzweifelt gewesen sein, denn sie nahm an diesem Abend ca. 200 Tabletten, um zu sterben. Es war der Tablettencocktail den sie vorher gesammelt hatte. Für sie stellte das kein Problem dar, denn sie war Arzthelferin und konnte deshalb jederzeit an Medikamenten-Muster kommen. Nachdem sie die Tabletten genommen hatte, ging sie aus dem Haus und verstarb genau an dem Ort, an dem ihre Mutter vorher im Traum das Holzkreuz hat stehen sehen. Nur ihre geliebte Katze war bei ihr. Diese verstarb aus unerklärlichen Gründen ein paar Wochen später, als hätte Simone ihre geliebte Katze bei sich haben wollen. Es war furchtbar für die ganze Familie, denn jeder machte sich Vorwürfe, warum ihnen an diesem Abend nicht aufgefallen war, das Simone ins Haus kam. Deshalb sagte auch Simone durch das Medium: „Hört auf zu trauern, seid fröhlich, es geschah so, wie Gott es vorgesehen hat."

Wir müssen uns über nichts Sorgen machen, denn Gott weiß, was für uns Menschen wichtig und gut ist. Alle, mit denen wir auf Erden immer zusammen waren, sind mitten unter uns, aber auf einer anderen Bewusstseinsebene. Sie werden nur manchmal für uns sichtbar, aber wir spüren ihre Anwesenheit. Sie nehmen uns in den Arm, sie streicheln uns, sie beschützen uns, sie schicken uns positive Gedanken und Energie und was das Wichtigste ist, **sie lieben uns**. Und sie werden auf uns warten und uns in Empfang nehmen, wenn wir an der Pforte der göttlichen Liebe ankommen in den hohen Sphären des Lichts. Wir dürfen uns nicht fürchten, sondern wir sollten uns darauf vorbereiten und uns darauf freuen. Denn gibt es etwas Schöneres, als die Menschen, von denen wir getrennt waren und die wir über alles lieben, wieder zu sehen und mit ihnen zu verschmelzen in inniger, göttlicher Liebe? Wir müssen einen Weg finden auf die Ebene der Harmonie. Wir werden nach unserem Tod einmal Dinge erleben, sehen, spüren und erfahren, wie es für unseren Geist auf der Erde noch nicht einmal im entferntesten vorstellbar ist. Im Jenseits gibt es keine Disharmonie wie hier auf unserer Erde. Alles im Leben hat eine Bedeutung, denn wir müssen uns weiterentwickeln. Alles ist Liebe! Alles ist Licht! Alles ist Glück! Alles ist Freude auf der anderen Seite. Wir dürfen den Tod nicht fürchten, denn er ist nur der Anfang vom „ewigen Leben, habt keine Angst vor dem Tod!"

Beeindruckend war der Vorfall bei Simones Beerdigung. Als ihr Sarg ins Grab gelassen wurde kam ein kleiner Vogel, kreiste mehrmals über ihrem Sarg, blieb dann wie in der Luft stehen, kam dann wieder im Sturzflug und verneigte sich über ihrem Sarg, als er in die Erde gelassen wurde. Es ist von den meisten Anwesenden mit Erstaunen wahrgenommen worden.

Ein Schutzgeist spricht zu uns Diesseitigen

Es war für mich sehr faszinierend, die Bänder abzuhören, durch die ein Schutzgeist durch ein Medium zu den Anwesenden sprach. Ich werde es Ihnen genauso aufschreiben.

Ich grüße euch, meine alles geliebten Lichtfreunde, die ihr heute versammelt seid, zu diesem so wichtigen Thema. Ich bin Simon aus den hohen Sphären des Lichtes und ich bin zuständig für viele ankommende Seelen in der jenseitigen Welt. Geliebte Lichtfreunde, glaubt an die frohe Botschaft die euch heute übermittelt wird. Habt keine Angst vor dem irdischen Tod, der in

Wirklichkeit nur Illusion ist, denn es gibt ihn nicht. Es gibt nur immerwährendes, ewiges Leben. Euer Ziel, euer aller Ziel ist letztendlich stetiges Wachstum im Geiste, um eines Tages wieder zurückzukehren in die göttliche Einheit, aus der ihr gekommen seid. Euer irdischer Tod, wie ihr ihn nennt, ist nichts weiter als die Geburt, eine neue Geburt in eine neue Daseinsform. Es gibt nicht die Ruhe, wie ihr sie euch vorstellt. Es gibt Arbeit, wirklich viel Arbeit. Es ist zwar eine andere Arbeit, wie ihr sie im Irdischen gewohnt seid zu tun. Aber diese Arbeit in den jenseitigen Welten ist tausendmal wichtiger, als all das, was ihr auf der irdischen Ebene zu leisten im Stande seid. Macht euch frei, immer mehr frei von all den irdischen Belastungen von all den materiellen Wünschen, denn sie haben in der wahren Welt, in die ihr eines Tages einkehren werdet, keine Bedeutung mehr. Ich bitte euch, meine geliebten Lichtfreunde, achtet auf eure Geisteshaltung und seid euch immer bewusst, dass alles, was ihr je in eurem Leben auf der irdischen Ebene tut, auch in der jenseitigen Welt eine Bedeutung hat und letztendlich eine Form erhält. Glaubt nicht, dass nach eurem Tode alles aus ist. Es gibt Menschen, die stellen sich die jenseitigen Welten in den verschiedensten Formen vor. Einige glauben an die ewige Finsternis, wie es ihnen vielleicht als Kind gelehrt wurde und wie es eure Kirchen leider heute noch immer lehren. Einige glauben an das Paradies und wenn sie dann hinüberkommen, sind sie oft enttäuscht, denn es erwartet sie nicht das Paradies, glaubt mir, geliebte Lichtfreunde, jeder Mensch erhält das, was für ihn vorgesehen ist, was er sich selbst auf seiner langen Seelenreise erschaffen hat. Es liegt an euch, wie ihr auf dieser irdischen Welt handelt und was ihr tut. Die jenseitige Welt wird für euch eine Art Spiegelbild sein. Seht ihr auf der irdischen Welt all die Schönheit nicht, die unser allmächtiger Gott euch geschenkt hat, so werdet ihr sie auch in den jenseitigen

Welten nicht erblicken können. Meine geliebten Lichtfreunde, ihr habt viel gehört und ich appelliere an euch, beschäftigt euch weiter mit diesem für jeden Menschen so wichtigen Thema, denn letztendlich ist es das einzige Thema das wichtig für euch ist, damit eure Seelen sich weiterentwickeln können. Ihr habt heute um Kontakt gebeten zu euren lieben Hinübergegangenen, wie wir sie nennen wollen. Seelen, die den Weg zum Licht gefunden haben. Habt keine Angst, meine geliebten Freunde, alle, die ihr hier versammelt seid, ihr dürft dankbar sein, denn alle euch Nahestehenden haben bereits das Licht, das göttliche Licht erblickt. Manche sind noch etwas weiter davon entfernt. Und manche sind dem Licht schon sehr, sehr nahe. Wie ihr wisst, gibt es viele verschiedene Ebenen in den jenseitigen Welten und jede Seele kommt dahin, wo es ihrer Schwingung entspricht, da wo sie hingehört, gemäß ihrer seelischen Entwicklung. Es gibt Seelen die waren bereits in einer sehr hellen, hohen Ebene. Wenn diese Seelen eine Erdenreise antreten und wieder zurückgehen, dann ist es so, dass diese Seelen natürlich fast immer gleich wieder in die entsprechend hohe Ebene gelangen. Eben an den Ort, von dem sie einst aufgebrochen sind. Aber wie ihr wisst, gibt es auch hier immer wieder Ausnahmen. So wie ihr Menschen auf eurer Erde, ist jeder für sich einmalig, so sind auch alle Wesen, alle Seelen, egal in welchen Ebenen, einmalig und individuell, nichts kann miteinander verglichen werden. Wie von euch irdischen Menschen jeder einmalig und individuell ist, so ist es auch in den geistigen Welten. Ich, Simon, darf euch sagen, alle die ihr Kontakt wünscht zu euren Angehörigen, alle sind in der hellen, lichten Ebene, macht euch keine Sorgen, keine dieser Seelen, die von euch genannt wurden, sind in der dunklen Erdatmosphäre oder, wie ihr sagen würdet, erdgebunden. Ich bitte euch trotzdem, sendet eure Gebetsschwingungen euer Licht und eure

Liebe zu diesen Seelen, denn sie werden eines Tages kommen, um euch abzuholen wenn ihr dies zulasst. Ich komme aus einer Ebene, die eurer Ebene so nah ist, dass ihr es nicht glauben werdet. Ja, ich sage euch, alle, mit denen ihr in Liebe verbunden ward, alle sind sozusagen mitten unter euch. Jedoch auf einer anderen Bewusstseinsstufe. Geliebte Lichtschüler, ich freue mich, dass ihr euch für dieses so wichtige Geschehen interessiert. Dieses Geschehen, der irdische Tod, wird einmal für jeden von euch von Bedeutung sein. Denn auch ihr werdet diesen Übergang machen müssen. Und so ist es wichtig, dass ihr die Regeln kennt und dass ihr wisst, worauf es ankommt und dass ihr den Weg findet. Der Weg ist nicht immer einfach, der zu uns führt. In die Ebenen der Harmonie und des Friedens. Es gibt viele Ebenen in den Astralwelten. In den feinstofflichen Welten gibt es viele Entwicklungsstufen. Ihr werdet Dinge sehen, spüren und erfahren, die ihr euch jetzt in eurem irdischen Bewusstsein nicht vorstellen könnt. Bei uns ist den Seelen alles möglich. Auch Märchen haben ihre Wahrheit und kommen nicht von ungefähr. In unseren Ebenen, den hohen Sphären des Lichtes, ist es wie in einer Märchenwelt, die ihr euch nicht vorstellen könnt. Jede Seele kennt ihren eigenen Weg und weiß, dass alles eine Bedeutung hat. Dass alles weiterentwickelt werden muss. So gibt es keine ewige Ruhe für diese Seelen, sondern nur eine ewige Höherentwicklung, denn es sind noch viele Stufen auch für diejenigen Seelen zu erklimmen, die bereits im Licht sind, wie ihr diese Ebene nennt. Geliebte Lichtschüler, habt keine Angst vor dem irdischen Tod, denn dieser Tod ist nur ein Wort für euch. In Wirklichkeit ist es eure Geburt in eine neue Daseinsform. Es ist eine neue Stufe eurer Weiterentwicklung und glaubt mir, es gibt viel zu tun in den jenseitigen Ebenen. Um die ihr trauert, trauert nicht um sie, denn sie sind euch bereits ein Stück voraus. Sie warten auf euch, sie entwickeln sich zwar weiter, aber sie werden zu dem Zeitpunkt (wenn eure Stunde kommt), am Tor stehen und euch in Empfang nehmen. Freut euch, ja freut euch wirklich auf diesen Übergang, denn ihr werdet mit großer Freude dann zu Hause erwartet. Hier auf eurer Erde seid ihr nur Gast, ihr macht für unsere Verhältnisse nur eine kurze Reise. Deshalb achtet auch auf eure Reisegefährten, denn es kann sein, dass ihr ihnen wieder begegnet. Ich, Simon, möchte euch Mut machen, Mut machen, diesen Weg eines Tages voller Bewusstheit zu gehen. Schließt nicht die Augen, wenn es einmal so weit ist, sondern geht diesen Weg bewusst, denn nur dann könnt ihr all die Helfer erkennen, die gekommen sind, euch zu führen.

Es ist der göttliche Wunsch und es besteht auch die Möglichkeit, nun zu einigen Seelen in Kontakt zu treten. Seid nicht traurig, wenn nicht alle einen Kontakt erhalten ihr selbst seid jederzeit in der Lage, diesen Kontakt herzustellen, wenn ihr euch entsprechend geistig weiterentwickelt, wenn ihr die Liebe ausströmt, wenn ihr offen werdet und wenn ihr bereit seid, zu glauben und zu vertrauen. Und so übergebe ich nun das Wort an einige Seelen. Seelen aus dem Lichte Gottes. Gott zum Gruße, ich bin euer Simon.

Diese Kassette habe ich erst gehört, nachdem ich das Buch über die Engel geschrieben hatte. Es hat mich erstaunt, wie viele Gemeinsamkeiten in dem von mir Geschriebenen und den Worten des Schutzgeistes sind. Nun glaube ich noch stärker als vorher daran, dass ich von einer höheren Ebene inspiriert worden sein muss. Auf der Kassette befanden sich auch die Aufzeichnungen und Kommunikationen, die zwischen den Verstorbenen, dem Medium und ihren Angehörigen aufgenommen wurden. Diese haben mich sehr berührt und ich bin der

Meinung dass Sie ein Recht darauf haben, diese zu hören. Sie sind genauso wiedergegeben, wie auf der Tonbandaufnahme.

Meine Energie kommt aus dem Licht, aus den hohen Ebenen des goldenen Lichtes. Ich bin hier und ich bin dort. Ich wechsle die Welten, so wie es gewünscht ist. Ich bin die Seele von Peter. Ja, ich bin hier. Ich bin oft bei dir, meine über alles geliebte Karin. Auf eine gewisse Weise führe und lenke ich dich. Und ich darf dir sagen, dass ich stolz auf dich bin, auf all das, was du tust. Nicht allein auf deinem irdischen Weg, denn hier könnten manchmal bestimmte Dinge anders laufen. Alles, was mich interessiert, ist der geistige Weg und so war ich auch daran beteiligt, mitzuhelfen, damit all die Kanäle geöffnet werden. Damit deine Antennen empfangsbereit wurden und in gewisser Weise bin ich eine Art Geistführer, obwohl es nicht gerade das richtige Wort für meine Tätigkeit ist. Ich bin in einer Ebene des hohen, goldenen Lichtes, in dem viele Wesenheiten sind, mit denen auch du regelmäßig in Kontakt bist. Ich bin dabei mitzuhelfen, damit andere Seelen ihren künftigen Entwicklungsweg betrachten und ich helfe ihnen dabei, sich zu entscheiden, wie ihre künftige Entwicklung aussehen soll. Ich rate diesen Seelen, ob sie eine Erdenreise unternehmen sollen oder ob sie sich in den geistigen Welten weiterentwickeln möchten. Es ist keine leichte Aufgabe und es ist eine hohe Verantwortung, die ich dankbar angenommen habe. Meine Erdenreisen sind vorüber und den Rest meines Karmas kann ich durch meine geistige Tätigkeit in diesen Ebenen abtragen. Es ist wichtig, dieses Thema, das du versuchst den Menschen beizubringen und klar zu machen und ich bin stolz auf dich und ich inspiriere dich bei allen deinen Aufgaben in diesem Bereich. Sei aufnahmebereit und glaube und zweifle nicht, es werden dir Dinge gezeigt werden, wo du an deinem eigenen Verstand vielleicht zweifeln wirst, aber auch diese Dinge entsprechen der göttlichen Wahrheit, auch wenn die Menschen es am Anfang noch nicht glauben können. Vertraue deiner geistigen Führung und in diesem Bereich auch meiner Führung, denn ich habe Erfahrung mit all den karmischen Verstrickungen vieler Seelen. Bleibe auf diesem Göttlichen Weg ich sende dir jetzt die Schwingung aus meiner Ebene, aus den Sphären des goldenen Lichtes, Gott zum Gruße.

Meine Energie ist Anna. Geliebte Lichtseele, geliebte Erika, ich bin es. Ich bin es, die irdische Mutter, aber meine Seele, sie fühlt sich nicht mehr in der Mutterrolle, denn ich habe andere Aufgaben in den jenseitigen Welten übernommen. Wichtige Aufgaben, Aufgaben, die den Menschen auf der Erde helfen und die auch dir helfen. Ich habe in meiner Welt viel zu tun, aber auch dies ist eine lange Geschichte und es war auch eine recht lange Reise, bis ich hier angekommen bin an dem Ort, von dem ich einst ausging. Auch ich habe gezweifelt, auch ich konnte nicht gleich den Weg finden, auch ich bin einige Zeit umher geirrt und doch sah ich dann die lichten Wesen, die mir die Hand reichten und einige von ihnen erkannte ich auch, denn sie waren schon zu Lebzeiten bei mir und so war ich bereit, Vertrauen zu haben und mich führen zu lassen. Heute zum jetzigen Zeitpunkt bin ich dabei, Wissen für euch Menschen zu entwickeln, ein Wissen, das vor langer Zeit auf eurer Erde selbstverständlich war. Wissen, das in Vergessenheit geriet. Mein Wissen, das ich euch wiederbringe, auf telepathischem Wege an all jene, die empfangsbereit sind, bezieht sich vor allem auf die Heilung von Krankheiten und zwar, wie ihr Krankheiten mit Hilfe der Natur wieder heilen könnt. Ihr wisst, unser göttlicher Vater, er hat für alles etwas wachsen lassen auf eurer Erde. Er hat die Menschen nicht auf die Erde geschickt, um sich dann selbst überlassen zu sein. Er hat ihnen alles gegeben, damit sie glücklich und gesund dort existieren können. Die Menschen sind selbst schuld, dass sie alles vergessen haben, und sie achtlos an jeder Pflanze vorbei gehen und nicht mehr spüren, welche Heilkräfte sie enthält. Es gibt nichts bei euch auf der Erde, das nicht mit der Kraft der Natur geheilt werden könnte und vor allem denkt auch an die unsichtbaren Wesen, die euch helfen können, und die dafür zuständig sind, die Pflanzen zu hegen und zu pflegen. Darum bitte ich dich, sei auch du achtsam, achte auf alles, wenn du draußen gehst. Du wirst die Pflanzen erspüren und wissen, für was sie gut sind. Für welche Krankheit man sie verwenden kann. Ich bin in den geistigen Welten in einer Art großem Labor beschäftigt in dem wir all die Essenzen, all die Pflanzen testen und feststellen, welche irdischen Leiden mit ihnen gelindert werden können. Wir haben auch Pflanzen, die auf eurer Erde längst ausgerottet sind durch die Menschen. Diese Pflanzen werden wir versuchen wieder auf die Erde zu bringen, damit sie euch helfen. Dieser Transport ist meine Aufgabe hier in dieser Welt und ich tue sie gern und ich bin glücklich. Und ich freue mich auch, wenn du glücklich bist, wenn es dir gut geht. Gehe diesen Weg weiter, es ist ein schöner Weg und hab auch du keine Angst, denn eines Tages werde ich da sein und du wirst meinen Arm sehen, der dich hinüberführt zu mir. Sei gegrüßt, möge der Vater dich segnen, Gott zum Gruße.

Meine Energie ist Andrea (Gabis Tochter). Ich grüße dich geliebte Mama, dies ist ein Wort, das ich nicht so gerne gebrauche, weil ich in einer Ebene bin, wo ich sehe, dass diese Funktion, wie ich sie nennen möchte, nur für eine kurze Zeit auf der Erde gültig war. Lange schon kennen sich unsere Seelen und es tut mir weh, weh in meiner

Seele, wenn ich immer noch Schmerzen in deiner Seele erkenne, denn diese Schmerzen spüre auch ich. Geliebte Lichtseele, so möchte ich dich nennen, geliebte Schwester, denn wir sind wirklich Schwestern aus der gleichen Seelenfamilie. Ich weiß über deinen Schreck, über deinen Schock und es tut mir so leid. Auf Erdenebene tut es mir leid, dass ich dich zurück lassen musste. Aber glaube mir, du in deiner Seele du hast es gewusst und wir haben es uns versprochen. Ich bin im Licht, geliebte Seele und ich bin ganz nah bei Jesus Christus, meinem Meister, und hier ist es wunder-wunderschön. Ich hatte nur eine kurze Zeit auf dieser Welt zu verbringen. Gemeinsam hatten wir beschlossen, beide unsere letzte Reise anzutreten. Für dich wird sie länger dauern, als sie für mich gedauert hat. Und du spürst sicher, dass auch du eine hohe, schon weit entwickelte Seele bist. Lass es zu, dass du all die Wesen spürst, die dich führen und lenken. Ich schaue sehr oft auf dich und schicke oft Seelen, die dich trösten und die dich in den Arm nehmen und die dir weiterhelfen. Auch mein Karma, wie ihr es nennt, ist abgetragen und es gibt nichts mehr, was mich an diese Erde bindet, und wenn du eines Tages einkehrst in meine Ebene, dann wird auch für dich das Rad stillstehen, das Rad der Wiedergeburt, von dem du dann erlöst sein wirst. Und du wirst unser beider Aufgabe erkennen und auch du wirst dich dann freuen, so wie ich mich jetzt freue. Ich bin in einer hellen, sehr lichten Ebene und auch ich entwickle mich natürlich weiter, weiter zu unserem geliebten Gott. Zur Urquelle allen Seins, aber ich werde auf dich warten, denn ab einer gewissen Stufe werden wir beide zusammen gehen, zusammen zurück zum Licht. Sei bereit, die göttlichen Gesetze, die ewig Gültigkeit haben, zu akzeptieren und anzuerkennen und lass deinem Schmerz freien Lauf. Ich weiß, dass es auf der irdischen Ebene sehr wichtig ist, alles loszulassen und so ist es auch wichtig, dass ihr den Schmerz loslasst und deshalb dürft ihr auch trauern. Je mehr ihr trauert, umso mehr könnt ihr loslassen aber ihr müsst in der richtigen Form trauern. Auch du hast mich festgehalten, damals, aber dadurch, dass meine Seele bereits aus einer hohen, lichten Ebene kam, hat mich dies nicht lange festgehalten. Die lichten Welten haben mich angezogen und ich musste nicht lange in der Erdensphäre bleiben. Sei nun gegrüßt und gesegnet von unserem geliebten Jesus Christus. Er ist das Licht der Welt und ich wandle ihm nach, so wie ihr es alle tun sollt, Gott zum Gruße.

Ein paar Monate später ging Gabi erneut zu einem anderen Medium. Den aufgenommenen Text habe ich für das Buch von der Kassette abgeschrieben.

Gabi hatte an dem Tag das Gefühl, dass ihre Tochter Andrea kurz vor ihrem Besuch bei dem Medium während der Fahrt in einem Kreisverkehr ins Auto zugestiegen ist.

Andrea sagte durch das Medium, das ist richtig, aber nicht nur da, ich bin bereits oft zugestiegen und nicht nur, wenn du fährst, sondern auch bei den kleinen Dingen des Alltags, wenn du mit mir redest, dann bin ich immer bei dir und das spürst du auch. Obwohl ich nun schon eine lange Zeit in der geistigen Welt bin, wobei ich das Wort geistige Welt überhaupt nicht mehr mag, hier in meiner Welt, so geistig ist die gar nicht für mich. Sie ist real, Leben und Energie. Für mich ist sie genau so real, wie es die irdische Welt für dich ist. Geistige Welt hört sich so vergeistigt an, durchsichtig und schwebend. Wobei ich schweben kann, wenn ich will, aber das Leben hier ist in keiner Weise durchsichtig. Es ist alles sichtbar für mich, aber nicht für dich. Wenn ich dir sage, dass ich immer noch genau so viel Freude an meinem Leben habe, dann wird dich das nicht überraschen, denn es ist etwas, was ich dir jedes Mal sage. Ich sage es nicht, um mich zu wiederholen, sondern ich sage es um dir immer wieder zu sagen, jetzt in meiner Welt, da bin ich in Frieden, aber nicht in einem passiven, sondern in einem aktiven Frieden. So ein bisschen wie du. Du bist auch immer dabei, aktiven Frieden zu kreieren. Es ist ganz schön anstrengend manchmal, es gelingt auch nicht immer. Oft schaue ich zu und muss schmunzeln, wie du dich immer bemühst, etwas zu bewirken und dann klappt es einfach nicht, weil die, welche du versuchst, ein wenig wachzurütteln nicht wachgerüttelt werden können. Du wirst weiterhin versuchen Menschen, etwas nahe zu bringen, aber es trägt nicht immer Früchte. Es macht dich ein wenig traurig zu sehen, wenn die Menschen, was das Leben so bereichern würde, nicht annehmen. Sie sind für das, was du sagst, noch nicht bereit. Du weißt das und drängst sie auch nicht, aber es macht dich immer ein wenig traurig. Du denkst immer, du hättest so etwas Schönes, was helfen könnte, aber sie wollen es nicht hören.

Gabi bestätigte dies, denn sie hat sich damals einer Gruppe von Frauen und Männern angeschlossen, die ihre Kinder sehr früh verloren haben. Aber immer, wenn Gabi ihnen helfen wollte, indem sie ihnen riet, ein Medium aufzusuchen, bekam sie Schwierigkeiten. Davon wollten sie nichts wissen, nach dem Motto: „Tote soll man ruhen lassen."

Andrea sagte, Mama mach weiter so, sage es den Menschen, ob sie es annehmen können oder nicht, das ist nicht wichtig. Sei dir bewusst, wenn du etwas sagst, das ist wie ein Samenkorn setzen und selbst wenn jemand anderes in Jahren beginnt dieses Samenkorn zu gießen, wird es aufgehen und dann kannst du dir bewusst sein, dass deine Worte dazu beigetragen haben.

Ich danke dir, für all das, was du immer noch für mich tust. *Was tue ich denn, wollte Gabi wissen?*

Andrea sagt, du bindest mich noch in ganz viele Dinge ein, die in deinem Leben passieren. In Gedanken, du denkst an mich, du zeigst mir Dinge, die du machst. Das finde ich wunderschön, dass ich durch dich daran teilnehmen kann. Es verbindet uns immer wieder, ohne uns zu binden. Alles, was du auf Erden erlebst, das gibt es hier nicht, genau wie es das, was wir hier erleben, auf der Erde nicht gibt. Wenn wir die irdischen Freuden durch einen zurückgebliebenen Menschen erleben dürfen, dann ist dies eine zusätzliche Bereicherung für uns. Es verbindet uns miteinander. Du bräuchtest mal wieder schöne, warme Umarmungen von mir. Die kleinen Freuden machen das Leben so wertvoll und sind so wichtig. Selbst das scheinbar Schwierigste im Leben wird irgendwann akzeptabel und auch in Ordnung sein. Ich habe dich in der letzten Zeit wieder lachen gehört und das tut so gut. Wenn man das nur in den Himmel schreiben würde, dann könnten viele davon lernen. Spürst du nicht manchmal einen Luftzug um dich herum? Das ist der Moment, wenn ich so nah an dich herankomme, dass du es unbedingt spüren müsstest. Ich kann deine Trauer spüren, aber diese Tränen sind in Ordnung. Es ist so, weil du dich nicht ganz richtig zu Hause fühlst. Hast du dir Sorgen um deinen Körper gemacht? *Gabi bestätigte das.* Du hast keinen Grund dazu, sagte Andrea, lass es doch mal sein. Mach dir keine Sorgen um deinen Körper, sondern mache dir Sorgen um deine Gedanken. (*Kranke Gedanken können krank machen*). Der Körper ist in Ordnung, nur die Gedanken sind meistens nicht so leicht zu bändigen. Glaube nicht alles, was du denkst. Wir denken uns im Laufe des Tages und während unseres Lebens so einiges zusammen und ganz oft haben wir festgestellt, was wir am Morgen dachten, ist ja am Nachmittag gar nicht so eingetroffen, oder es war nicht mehr aktuell. Nur weil ich es selber denke, heißt es nicht, dass es der Wahrheit entspricht. Auch deine Gedanken können sich irren und das solltest du dir merken. Das Unterbewusstsein weiß viel mehr. Ich wünsche dir heilende, freudige und liebevolle Gedanken dir selbst gegenüber. Geh raus in die Natur und verbinde dich mit der Natur. Hier kannst du alles abladen. Andrea sagt, ach, ich habe dich ja sooo lieb.

Das Medium sagt zu Gabi, dein Mann steht die ganze Zeit im Hintergrund und er strahlt und sagt, ich könnte es nicht viel besser sagen, wie Andrea. Hier, wo wir sind, sprechen wir nur mit unseren Gedanken. Wenn ich etwas vermitteln will, kommt es aus mir heraus und kommt an. Aber Andrea ist ja bereits oben angekommen und wo sie schon ist, muss ich erst hinkommen. Ich werde dir alles zeigen, wenn es so weit ist. Aber es ist noch lange nicht so weit. Wir warten auf dich, aber wir sitzen nicht wartend da. Und ich spüre immer, es ist ein Trost für dich zu wissen, dass wir hier sind und wir dich begrüßen werden.

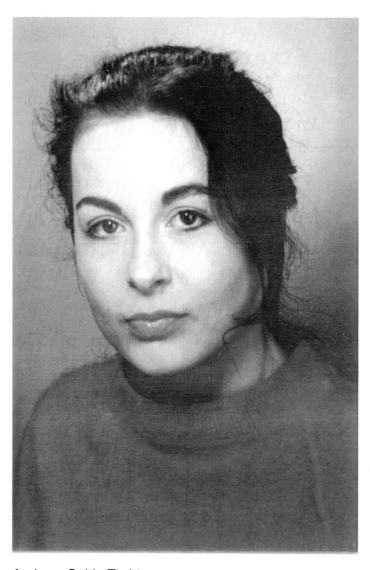

Andrea, Gabis Tochter

Gespräche mit anderen Jenseitigen

Meine über alles geliebte Katharina, ich bin deine Mutter, die dir vorausging. Ich bin heute gekommen, weil ich mich freue, dass du den richtigen Weg gehst, dass du den Lichtweg gehst. Du bist nicht allein, du hast viele liebevolle Helfer aus dem geistigen Reich um dich, die dich beschützen, so wie auch ich dich beschütze. Meine geliebte Katharina, ich bin in einer Ebene, auf der es sehr hell ist. Aber noch lange bin ich nicht an dem Punkt angekommen, zu dem ich gerne gehen möchte, denn erst hier im Licht sehen wir, wie weit der Weg noch ist, der Weg zu unserem Vater. Ich habe mich entschieden, nicht mehr auf diese Erde zurückzukehren, auch dies ist unser freier Wille. Niemals werden wir gezwungen, unsere Erfahrungen hier oder dort zu sammeln. Wir haben Zeit, alle Zeit der Ewigkeit. So habe ich mich entschlossen, mich in den geistigen Ebenen weiter zu entwickeln, weiter zu arbeiten. Auch ich werde eines Tages da sein, wenn du kommst. Aber ich sehe, dass du meine Hilfe eigentlich nicht benötigst. Und auch darüber bin ich sehr froh, dass du alleine gehen kannst. Denn der Helfer, wie ich sehe, sind sehr viele. Aber ich wollte dir doch sagen, dass es mir gut geht, dass ich in einer schönen Schwingung bin und dass ich dich liebe. Sei gegrüßt mein Kind und Gott zum Gruße.

Sei gegrüßt in Gottes heiligem Namen, liebe Marga. Ich bin die Schwingung der Seele deines Vaters. Ich freue mich, dass ich mit dir in Kontakt kommen kann. Ich freue mich, dass du bewusst diesen Weg gehst. Meine geliebte Marga, es geht mir gut, es geht mir jetzt wirklich gut. Auch ich habe etwas gezweifelt und war nicht immer von Beginn an in dieser Sphäre, in der ich jetzt bin. Ich irrte umher und ich wurde für eine kurze Zeit von anderen Seelen angezogen und in Beschlag genommen, so dass ich keinen eigenen Willen mehr hatte und so zog auch ich einige Zeit in der Dunkelheit umher, bis ein helles Licht kam, das mir die Augen öffnete und das mich fast blendete. Ich habe dieses Licht gesehen und bin diesem Licht nachgegangen, das mich Gott sei Dank in die richtige Ebene führte. Viele Täuschungen stehen oft auf diesen Wegen, die wir Seelen zu gehen haben in die jenseitigen Ebenen. Ihr nennt dies Verführungen. So sind auch auf diesem Wege, am Rande dieses Weges, bestimmte Täuschungen manifestiert, die uns Seelen leicht auf Irrwege führen. Denn auch in der Astralwelt gibt es die negative Kraft, die immer die ankommenden Seelen zu sich holen möchten. Aber ich bin hier, endgültig und hier bleibe ich! Ich warte, weil ich nicht ganz alleine gehen möchte. Ich habe eine Aufgabe übernommen, dass ich auf die mir anvertraute Seele warte und sie heimführe, heim ins Licht, so wie wir dann eines Tages auch auf dich warten werden. Hab keine Angst, bei mir ist es hell und schön und die Blumen blühen und dir möchte ich sagen, liebes Kind, gehe deinen Weg, aber sorge dich auch um dich selbst, denke etwas mehr an dich. Ich weiß, dass du ein liebendes Herz hast, aber es ist trotzdem wichtig, auch etwas für dich zu tun. Nimm dir Zeit für dich. Ich grüße dich und ich liebe dich!

Ich grüße dich, meine über alles geliebte Gitta. Sei gegrüßt mein liebes Kind, ich bin die Seele deiner Mutter und ich bin dir so nah, dass du mich spüren kannst. Schon oft hast du mich gespürt, denn ich bin bei dir. Auch ich bin in der Ebene des göttlichen Lichtes, denn sonst könnte ich mit dir hier keinen Kontakt aufnehmen. Ich habe meinen Schutzengel erkannt, der mich über die Brücke führte. Die Brücke, die kein Geländer hatte und ich bin sicher angekommen und habe hier weitere Entwicklungen durchlaufen. So habe ich mich dazu entschlossen, Menschen auf der Erde zu helfen, so wie ich auch dir helfe, jeden Tag, denn ich bin eine der

Seelen, die für deinen Schutz zuständig sind. Höre tief in dein Inneres und du kannst meine Stimme hören und du kannst fühlen. Öffne deine Kanäle. Überlasse nicht den anderen, bestimmte Dinge zu tun. Tu sie selbst. Denn auch du bist dazu in der Lage. Hab Mut und hab Vertrauen und sei stark. Deine Seele ist stark, sei auch du es mit deinem Bewusstsein. Ich bin da, wenn du mich brauchst. Und ich werde eines Tages vor der Brücke stehen, wenn du kommst. Sei gegrüßt und eingehüllt in das Licht unseres geliebten Jesus Christus.

Es wird uns immer wieder vor Augen geführt, wie sehr wir von den verstorbenen Seelen geliebt werden, dass sie auf uns aufpassen und uns an unserem Todestag in Empfang nehmen werden. Einige von ihnen stehen auch zu unserem Schutz bereit. Sie senden uns ihre positiven Gedanken, damit wir uns auf der Erde, leichter zurecht finden auf der wir ja nur zu Gast sind, um zu lernen. Aber es gibt auch Seelen, die an das Jenseits nicht glaubten und am Anfang Probleme hatten den Weg ins Licht zu finden. Außerdem wurde uns gesagt, dass auch im Jenseits Gefahren lauern, auf die wir uns nicht einlassen sollen. Wir müssen uns im Hier und Jetzt bereits auf unser neues Leben vorbereiten. Wir kommen alle aus einer großen, liebenden Familie, die uns wieder in die Arme schließen möchte.

Die Dame in Blau

Ich weiß nicht, ob das die richtige Bezeichnung für dieses Kapitel ist, aber in meinen Gedanken nenne ich meinen weiblichen Schutzgeist nun immer die Dame in Blau. Sie dürfen mich nicht für verrückt halten, denn auch ich habe am Anfang bei diesem Geschehen an meinem Verstand gezweifelt. Aber dann wurde das Ganze aufgeklärt, ohne dass ich eine Aufklärung verlangte, sondern nur gedanklich bei dem Medium John Olford darum bat.

Eines nachts, als ich zu Bett ging, sah ich, wie ein paar Schritte von meinem Bett entfernt zwei hellblaue Balken standen. Diese waren ca. 1,50 hoch und ca. 15 cm breit. Ich schaute sie die ganze Zeit an und dachte, jetzt ist aber alles zu spät, was passiert denn da mit mir? Ich wurde vollkommen in den Bann gezogen und bekam dennoch keine Angst. Aber ich fing an, zu überlegen, was das alles zu bedeuten hatte. Nach einigen Minuten war das Ganze vorbei. Danach beschäftigte ich mich ständig gedanklich damit, denn das Geschehen war mir irgendwie unheimlich und unerklärlich. Ich konnte aber mit niemandem darüber reden, weil ich mich schämte diesen Vorfall jemandem zu erzählen.

Ein paar Tage später rief mich Tanja an und berichtete mir, dass sie bei einem Medium in München war. Und kannst du dir vorstellen, sagte sie, die ganze Zeit, während das Medium sprach, konnte ich einen hellblauen Streifen über seinem Kopf sehen, dass muss sein Schutzgeist gewesen sein, der ihn inspiriert hat. Tanja hatte sogar zu ihrer Freundin gesagt: „Kannst du diesen hellblauen Streifen auch sehen, den das Medium über dem Kopf hat?" Doch diese meinte nur: „Was du auch immer siehst!" Nun war mir klar, dass alles, was viele Menschen und auch ich sehen können, nicht jeder Mensch sieht und das es ein Geschenk ist, das man annehmen muss und sich nicht ständig Gedanken machen sollte, dass man nicht normal ist. Wir haben eine besondere Gabe, wir können unsere Schwingungen hochfahren und mit der geistigen Welt kommunizieren und in Verbindung treten. Deshalb habe ich wieder angefangen, ein weiteres Buch zu schreiben, um anderen

Menschen Mut zu machen, ihre Fähigkeiten anzunehmen und mit ihren Verstorbenen in Kontakt zu treten.

Dieses Erlebnis ließ mich eine Einzelsitzung bei John Olford wahrnehmen, da ich wissen wollte, was bedeutet die Farbe hellblau in meinem Leben? John erzählte ich nicht den Grund meines Besuches, sondern ließ mich überraschen von dem, was man mir sagen wollte. Und Sie können mir glauben, ich war mehr als überrascht, denn die Dame in Blau kennt mich besser, als jeder andere Mensch auf der Welt. Sie kennt meine geheimsten Gedanken. Ich werde Ihnen den genauen Text der Sitzung mit John Olford wortwörtlich in diesem Buch aufschreiben und meine Lebenssituation dazu erklären.

Als ich bei John ankam, sagte dieser zu mir: „Bereits heute morgen beim Frühstücken und unter der Dusche habe ich eine männliche Energie gespürt, die für dich war und ich war der Meinung, heute würde sich dein Geistführer bei uns melden, aber plötzlich, seit wir hier sitzen, spüre ich eine starke weibliche Energie und ich habe ihnen gesagt, sie sollen sich entscheiden, denn ich kann nicht gleichzeitig die Gedanken von zwei Geistwesen weitergeben. Es ist eine sehr starke weibliche Energie im Vordergrund aber dein Geistführer ist auch da, jedoch im Hintergrund. Es muss so sein, dass du deinen Geistführer kennst. Du weißt immer, wenn er da ist. Er sagt mir, du kannst ihn spüren. Und es muss für dich immer sehr ruhig und angenehm sein. Er ist männlich aber sehr angenehm, so wie ein angenehmer Opa. Weil du ihn selber nicht kennst, kann ich dir nur beschreiben wie du ihn wahrnimmst."

Ich konnte das bestätigen, denn immer, wenn ich am Computer sitze, um meine Bücher zu schreiben, spüre ich seine Anwesenheit. Die Türe geht oftmals auf, obwohl diese verschlossen ist und ein Luftzug weht durch den Raum. Manches Mal habe ich auch das Gefühl, es würde mich jemand berühren und die Raumtemperatur sinkt jedes Mal ab, wenn ein Geistwesen im Raum ist.

Aber er schiebt eine Helferin nach vorne und diese Frau, das ist interessant, ist sehr angenehm, aber für eine Frau ist sie sehr dynamisch, mit sehr viel Durchsetzungsvermögen. Es hat mich überrascht, denn ich habe sie gefragt, warum kommst du nach vorne und sie hat gesagt, weil du eine Veränderung bei dir verspürst. In der letzten Zeit hättest du gemerkt, es ändert sich etwas bei dir und zwar verspürst du eine zunehmende weibliche Stärke. Verstehst du, was ich meine? Du wagst dich Dinge zu tun, wo du früher gesagt hättest, ich bleibe lieber im Hintergrund. Es ist so, als ob du aus dem Schatten kommst und du wagst dich auf einmal, ins Sonnenlicht zu treten. Sie zeigt mir das symbolisch, sagte John und fragte sie, gib mir ein Beispiel, wie kann ich das verstehen? Sie sagt, du überraschst dich selbst dabei, und machst jetzt schon Dinge, die du vor einem halben Jahr nie gemacht hättest. Ich weiß nicht, warum sie das sagt, aber sie sagt, es beunruhigt dich ein bisschen, auf eine angenehme Art und Weise, als ob es ein wenig abenteuerlich für dich ist, zu entdecken, was du alles kannst. Aber du bist keine stürmische Person, du machst zuerst einen Schritt und dann schaust du, ob der Boden unter deinen Füßen fest ist. Dann erst machst du den nächsten Schritt. Du gehst vorsichtig voran wie eine Katze. Wie eine Katze, wenn sie über Gegenstände klettert, ganz vorsichtig, damit nichts umfällt oder beschädigt wird. Bei dir ist es aber nicht nur Vorsicht, sondern du möchtest jeden Schritt wahrnehmen und fragst dich, was habe ich davon gelernt, was habe ich dabei gefühlt?

John fragte mich, ist das so? Ich sagte ihm, dass ich vom Sternzeichen Krebs bin: ein Schritt vor, zwei Schritte zurück, sagt man diesem Sternzeichen nach.

John sagt, ich habe sie gefragt, wie du die Hilfe wahrnehmen kannst und sie sagt, dass kann sie schon, sie bekommt ständig von uns einen Schubs von hinten. Sie sagt, es ist ein angenehmer Schubs, aber du wüsstest, es ist immer da. Das bin ich! Sie möchte, dass du weißt, sie macht gar nichts ohne deine Erlaubnis und sie sagt, eigentlich wolltest du schon lange diesen Weg gehen, aber du hast dich nicht getraut. Du hast immer gedacht, du bist zu klein und du kannst das nicht und plötzlich hast du diesen Schubs bekommen. Wahrscheinlich hat es mit diesem Buch zu tun, sie sagt, du führst sehr lange Gespräche mit Leuten, mit der Erklärung, dass du wieder vor hast, ein Buch zu schreiben. Du führst diese Gespräche wie Interviews für dein nächstes Buch. Sie lacht und sagt, das ist eine sehr gute Methode, die Trauernden zum Reden zu bringen. Ich weiß, dass du wieder vor hast ein Buch zu schreiben. Es tut ihnen gut, sie können es dadurch besser verarbeiten. Das ist dir auch bewusst, du weißt, es ist fast eine Art Gesprächstherapie, was du mit den Menschen machst. Es ist interessant, was in den Köpfen der Leute abläuft. Es hilft ihnen, weil sie wissen, dadurch wird ihr Verstorbener nicht in Vergessenheit geraten, sondern wird immer in diesem Buch sein. Sie werden sozusagen ewig existieren, das ist ein kleiner Trost. Sie können jederzeit das Buch nehmen und über ihn nachlesen. Das ist eine interessante Vorgehensweise. Es geht nämlich so viel in den Köpfen der trauernden Menschen vor. Es muss dir auch im letzten halben Jahr aufgefallen sein, dass sich der Focus deines Lebens verändert hat. Vorher waren die Sicherheit und irdische Dinge bei dir sehr im Vordergrund gestanden, aber in der letzten Zeit sind andere Dinge wichtiger. Vieles ist nicht mehr so wichtig für dich, es ist unwichtig geworden. Nach dem Motto, ich lasse es laufen, aber ich mache es nicht mehr zum Mittelpunkt meines Lebens. Du hast bereits mehrere Bücher geschrieben und wir machen auch keine Zukunftsdeutung aber die Prognose ist, dass du noch sehr viele Bücher schreiben wirst. Sie sagt, wir aus der geistigen Welt hätten nichts dagegen, wenn du Romane mit solchem Inhalt schreiben würdest. Zum Beispiel über einen Charakter, der medial begabt ist. Manche Leser brauchen die Sicherheit zu wissen, dass es nur Fiktion oder eine Geschichte ist, aber so kann man sie mit der Thematik vertraut machen. Es gibt so viele Gruselbücher, aber es sollte so geschildert werden, wie es tatsächlich ist und wie es im Alltag von sensiblen Menschen zugeht. Es sollte auch auf eine positive Art und Weise geschildert werden. Die Zeit ist reif dafür, angenehme Bücher zu schreiben, in denen mediale Fähigkeiten selbstverständlich sind. Du fragst dich, wo das hin führt? Warum muss ich dieses Selbstbewusstsein erhalten, um aus dem Schatten ins Sonnenlicht zu kommen? Sie sagt, weil wir wollen, dass viele Leute deine Bücher kaufen und lesen. Du musst den Mut haben, dein Gesicht zu zeigen, aber das hast du nicht so gerne gemacht. Ich verstehe warum, ein Aspekt ist deine Kindheit, es hat mit deinem Vater zu tun, du warst immer der Überzeugung, du bist nicht gut genug. Du sagst immer, ich bin nicht so gut. Und sie lacht und sagt, wenn du diese Meinung behalten möchtest, das ist deine Entscheidung, aber vielleicht kannst du akzeptieren, das alles was du machst, inspiriert ist: **und wir sind gut**. Du machst es nur in unserem Auftrag. Du weißt, es ist kein Zufall, dass in deinem Buchtitel das Wort Engel verwendet wurde. Das Thema Engel ist etwas was dich schon immer berührt hat. Sie kann natürlich meine Gedanken wahrnehmen du versuchst irgendwie Struktur und Ordnung in das Konzept Engel zu bringen. Sie versteht, warum du das machst, aber sie gibt dir einen Tipp: wie würdest du die Form von Wasser beschreiben? So ist es auch mit Engeln, sie können so oder so sein. Du kannst nicht sagen, Wasser ist quadratisch, rund oder flach, Wasser ist flüssig. Aber es ist nur ein Tipp. Deshalb hast du eine Recherche gemacht und dich immer wieder verwundert gefragt, warum werden Engel manchmal so und manchmal so beschrieben und warum sind sie vom Äußeren auch so verschieden? Der Grund ist, Engel sind genau wie Wasser. Wasser kann still, ruhig, wild, stürmisch, oder turbulent sein. Es ist schwierig, ein Phantombild von einem Engel zu basteln, weil wir es eigentlich mit Umwandlung zu tun haben. Im positiven Sinn haben wir sehr viel Verantwortung für Umwandlung. Und wenn man mit Umwandlung zu tun hat, ist es schwierig, ein Standbild zu bekommen. Bist du ein Engel, denn du fühlst dich nicht an, wie eine Engelenergie, fragte John? Sie schmunzelte und sagte, ich bin kein Engel, aber du kannst dir vorstellen, wir arbeiten oft im Auftrag von Engeln. Die Engel haben oft etwas anderes zu erledigen und wir machen die Kleinarbeit, die Routinesachen. Sie freut sich, weil du dich entschlossen hast, aus deinem Loch zu kommen, sie sagt, du würdest verstehen, was sie damit meint. Sie zeigt mir einen Schützengraben, wie damals im Krieg, über den alle Kugeln hinweg flogen und sagt, aus dem kommst du jetzt heraus, denn es war dunkel und langweilig für dich da drin. Sicher war er und dir konnte auch nichts passieren.

Was ist deine Aufgabe? fragte John sie? Sie sagt, dir einfach den Mut, die Kraft und Energie zu geben, um in Schwung zu kommen. Dein Geistführer ist auch ständig bei dir, aber sie soll dich in Trab bringen. Sie sagt, du spürst das. Zuerst hat sie mir einen Schneeball gezeigt, der den Berg herunter rollt und immer größer und größer wird und dann immer schwerer zu bremsen ist. Dann zeigt sie mir eine alte Dampflok, die sich zuerst nicht bewegt, aber wenn sie einmal läuft, nicht zu stoppen ist. Sie sagt, du bekommst zunehmend Schwung. Du fragst dich in der letzten Zeit ständig, warum habe ich all die anderen Bücher schreiben müssen, denn sie haben gar nichts damit zu tun? Sie sagt, es geht nichts verloren, das war eine Vorbereitung. Du hast dadurch viel gelernt und du weißt jetzt vom Ablauf her, wie es geht. Nun musst du dich nur noch aufs Schreiben konzentrieren, denn den Rest kennst du ja bereits. Sie sagt, du hast immer noch Verbindung nach Südafrika, sei bitte nicht überrascht, wenn wir dich bitten, deine neuen Bücher ins Englische zu übersetzen und in Südafrika zu verkaufen. Bitte vergiss Südafrika nicht!

Dies hat sie mehrmals wiederholt und ich mache mir nun tatsächlich Gedanken, wie ich das anstellen soll. Ich habe zwar noch einige Freunde in Südafrika, aber es ist niemand dabei, der sich mit so etwas auskennt.

Sie sagte, es geht nicht nur um die Weißen, es gibt auch Schwarze, die sich für Spiritualität interessieren. Unter den Schwarzen in Südafrika ist der Umgang mit der geistigen Welt sehr ausgeprägt, aber es schlägt sehr oft ins Negative über, nach dem Motto, wie kann ich mit Macht irgend jemanden etwas antun? Bei ihnen gibt es zwar das Bewusstsein, dass es so etwas gibt, aber die wenigsten verstehen, dass es auch positiv sein kann. Du kannst sie nicht davon überzeugen, dass es so etwas nicht gibt. Bei der schwarzen Bevölkerung gibt es eine Sehnsucht nach etwas Positivem in diese Richtung. Für sie gibt es nur die andere Alternative und das ist die Kirche und die sagt, das darfst du nicht! Deshalb fühlen sich sehr viele von ihnen wie bei einem Tauziehen zwischen ihren Gefühlen und der Kirche. Die Menschen sitzen in einer Zwickmühle. Unterschätze das nicht, denn die Schwarzen, lesen auch englische Bücher. Sie würden es begrüßen, sagt sie, denn deine Art und Weise Bücher zu schreiben, ist für sie einfacher zu lesen, weil es nicht deine Muttersprache ist, du würdest es deshalb nicht zu kompliziert schreiben.

Vielleicht sollte ich hierzu ein paar Erläuterungen geben. In der letzten Zeit kamen ständig Menschen auf mich zu, die mich einluden, einen Vortrag über Engel und Verstorbene zu halten. Aber jedes Mal lehnte ich ab. Ich war der Meinung, ich bin nicht gut genug, solche Vorträge zu halten. Deshalb sagte sie auch, wenn du glaubst, du bist nicht gut, wir sind gut. Deshalb habe ich nach der Sitzung bei John eingewilligt, mein erstes Seminar über Engel und Verstorbene zu halten. Ich bin sicher, ich kann mich auf die Hilfe der Jenseitigen verlassen, denn alles was vom Himmel und Gott gewünscht wird, ist gut und wird auch von ihnen gefördert. Ich bin mir nun sicher, dass sie mir beistehen werden.

Am Tag zuvor, saß ich mit Gabi und Christa bei mir im Wohnzimmer und ich holte mehrere Engelbücher aus dem Schrank, legte sie auf den Tisch und wir diskutierten, wie unterschiedlich die Menschen doch ihren Engel sehen. Keine einzige Zeichnung glich der anderen. Auch ich wollte ihnen die Engel zeigen, die ich gesehen hatte. Aber es war extrem schwierig. Die zwei Engel, die ich gesehen hatte, unterschieden sich ganz extrem von denen, die im Buch abgebildet waren. Aber die Dame gab mir auch dieses Mal eine Antwort. Sie kannte meine geheimsten Gedanken. Sie sprach so, als ob sie am Vortag mit uns am Tisch gesessen wäre. Alles, was sie sagte, war richtig.

Sie spricht von Veränderungen bei dir zu Hause, sie sagt, du bist gerade dabei, Sachen umzustellen. Du bist ständig dabei, Bilder umzuhängen, das ist auch eine Nebenwirkung der Schwingung von Veränderung bei dir und deshalb möchtest du alles in deiner Umgebung verändern.

Das ist tatsächlich wahr, ich habe viele neue Bilder gekauft, die Wände umdekoriert. Habe neue Möbel und auch neue Vorhänge gekauft. Alles in meinem Unterbewusstsein ruft nach Veränderung

Sie spricht auch von deiner Tochter, sie sagt, es gibt auch Veränderungen im Zusammenhang mit deiner Tochter. Sie sagt, eine Zeit lang, war deine Tochter sehr ungeduldig mit dir, sie forderte, wann tust du endlich etwas? Sie war der Meinung, du bist zu lange in den gleichen Schienen geblieben, auf jeden Fall findet sie es gut, dass bei dir nun etwas passiert und sie freut sich darüber. Nach dem Motto: „Endlich geht es los!" Gibt es nur Freude über diese Veränderungen fragte John, sie aber sagte, nein es gibt Menschen in deinem Leben, die hätten am liebsten, wenn alles so bleibt, wie es war. Aber sei nicht überrascht, denn sie merken nun auf einmal, dass sich irgend etwas ändert. Und das ist für manche Menschen schwierig, sie wollen einfach, dass alles so bleibt, wie es immer war. Sie wehren sich gegen jede Veränderung, auch wenn diese positiv ist. Allein schon aus Bequemlichkeit, denn nun müssen sie sich mit einer neuen Situation auseinandersetzen. Du lernst dabei viel über diese Beziehungen und über die Personen in deiner Umgebung. Sie sagte: „Viele Leute haben es eine lange Zeit mit dir sehr bequem gehabt. Du warst nämlich immer bereit, dich für die anderen in den Schatten zu stellen und im Hintergrund zu bleiben. Du hast versucht, immer für die anderen da zu sein, aber niemals für dich.

Natürlich müssen sie sich jetzt daran gewöhnen, dass auch du einmal etwas vom Leben haben willst. Es ist nicht in Ordnung, dass die anderen für dich immer im Vordergrund stehen. Sei bitte nicht überrascht, es war zu erwarten, dass Widerstand kommt, wenn du anfängst dich zu entfalten wie eine Blume. Du warst immer geschlossen, jetzt kommst du zur Blüte. Aber du kommst gut damit zurecht, weil du auf eine angenehme Art und Weise mit ihnen darüber reden kannst. Du gehst nicht auf Konfrontation, du redest einfach mit den Menschen in deiner Umgebung."

Die Dame in Blau hat Recht. In der letzten Zeit hatte ich viel Ärger zu Hause, denn ich musste mehrmals Seminare besuchen, um zu lernen und mich als Heilerin fortzubilden und alle waren gegen mich. Ich musste mir tatsächlich sehr viel Negatives anhören und sehr viele Erklärungen abgeben. Auch dass ich solche Bücher schreibe, war den meisten ein Dorn im Auge. Außer meiner Tochter, die findet diese Sache gut.

Deine Mutter lebt noch, sagt sie zu mir. Sie hat etwas an der Hüfte und kann schlecht gehen. Sie bittet dich sehr oft, ihr etwas zu holen, ihr zu helfen und sich um sie zu kümmern. Du musst eigentlich immer auf Abruf für sie da sein. Die Dame in Blau meint, sie könnte aber noch viel mehr selbst tun, wenn sie sich nur richtig anstrengen würde. Dich zu beschäftigen ist ihre Art und Weise, deine Zuneigung für sie zu fordern. Sie meint es nicht böse, aber sie braucht es, dass du ihr deine Liebe ständig zeigst. Daher kommt es auch, dass es ihr besonders schlecht geht, wenn du eine Zeit lang nicht da bist. Das kommt von ihrem starken Bedürfnis nach Liebe. Wenn du dann wieder kommst, begrüßt sie dich fast immer mit dem Vorwurf: „Gott sei Dank, dass du da bist, mir geht es furchtbar schlecht."

Es stimmt, denn ich wage noch nicht einmal mehr, ohne schlechtes Gewissen ein paar Tage wegzufahren. Ein längerer Urlaub ohne meine Mutter ist nicht mehr möglich. Sie ist aber ein sehr lieber Mensch mit einem großen Herzen für andere. Ich glaube, wir alle sind auf der Suche nach einem Menschen der uns liebt.

Die Dame in Blau spricht davon, dass du heilende Hände hast. Probiere es mit Handauflegung bei deiner Mutter, wenn sie bereit ist, dies zu akzeptieren. Es kann sein, dass sie dann nicht mehr so fordernd dir gegenüber ist. Du hast immer die Gewohnheit gehabt, mit finanziellen Dingen sehr vorsichtig umzugehen. Sicherheit war für dich immer sehr wichtig. Aber für dich ist das in letzter Zeit nicht mehr so wichtig und du machst Dinge, die hättest du früher nicht zu tun gewagt. Deine Schwingungen haben sich erhöht und du kommst von den unteren Chakren, wo es sehr um Sicherheit geht, allmählich in den Solarplexusbereich der Lebensfreude und es geht jetzt langsam in den Herzbereich. Bei dir steigen die Schwingungen wie bei einem Barometer. Du begreifst nun endlich, dass die Freude nicht von außen, sondern von innen kommt. Du hast eine Zeit lang versucht, die Freude von außen zu nehmen durch deinen Partner, deine Tochter, deine Freunde. Aber die Freude kommt nicht von den anderen, sondern ist in dir selbst. Das begreifst du jetzt langsam. Sie versteht, dass es ein wenig konfus macht, denn es passiert relativ schnell, und sie sagt, du findest es ein wenig abenteuerlich, aber sie meint, diese Veränderungen gefallen dir und sie sagt, du weißt, dass wir dich unterstützen und es kann dir nichts passieren. Doch wenn irgendetwas passiert, dann hat es einen Sinn. Denn John hat sie gefragt, ob ich mich bei diesen Veränderungen ängstigen muss. Sie aber sagte, nein, nein, es ist genau wie beim Achterbahn fahren. Man weiß, man ist angeschnallt und es kann einem nichts passieren, man kann nicht herausfallen. Es geht rauf und runter und es wird sehr abenteuerlich, aber es kann nichts Ernsthaftes geschehen, auch wenn es noch so aufregend wird.

Sie spricht nun auch von deinem Freund. Er hat vermutlich eine ganz andere Einstellung zum Leben. Kannst du verstehen, wenn sie sagt, so alt bist du nicht! Verstehst du, warum sie das sagt? Kann es sein, dass er eine Lebenseinstellung hat, wie ein bürgerlicher Rentner? Er hat kein Interesse an deinen Gedanken und Ideen. Jeder hat seinen freien Willen und kann selbst entscheiden, sagt die Dame in Blau, wie er im Leben voran kommt. Du hast dich für den ICE entschieden und er für einen Bummelzug. Das ist keine Kritik, sondern sie sagt es mir nur, damit ich es verstehe. Das war ihr wichtig. Er hat es eine Zeit lang bei dir sehr bequem gehabt. Sowohl emotional, als auch in anderen Aspekten. Aber durch die Veränderungen, die bei dir in dem letzten halben Jahr angefangen haben, stellst du alles, was für dich selbstverständlich war, in Frage: „Brauche ich das noch und ist es für mich noch stimmig?" Du stellst momentan auch diese Beziehung in Frage. Aber das sei natürlich deine Entscheidung und das überlässt sie dir. Sei aber nicht überrascht, denn wenn wir uns für den ICE entscheiden, dann ist es natürlich normal, wenn wir uns fragen, brauche ich so einen großen Koffer oder genügt auch eine kleine Tasche, muss ich das alles mit mir herumschleppen? Aber das musst du selbst entscheiden, du musst dich wohlfühlen. Dein Partner sieht gut aus, sagt sie. Er ist ein hübscher Mann und sie sagt, denke darüber nach, ob es wichtig ist, dass er ein gutaussehender Mann ist? Sei nicht überrascht, wenn du alle diese Dinge und bisherigen Verhaltensmuster, woran du dich eine Zeit lang gewöhnt hast, auf einmal in Frage stellst. Du weißt, du hast dich über viele Jahre hinweg mit so vielen Dingen verzettelt. Du hast immer versucht, viele Dinge gleichzeitig zu machen. Sie zeigte John einen Herd mit ganz vielen Kochtöpfen, ich sei jemand, der zu viele Töpfe auf dem Herd hat, und nicht auf alle aufpassen kann. Ich frage mich, ob ich so viele Kochtöpfe auf einmal brauche. Das seien alles ganz selbstverständliche Gedanken, denn es ist eine Vorbereitung. Du versuchst, deine Zeit und deinen Fokus zu verändern. John fragte sie, warum sie heute zu mir gekommen sei und sie sagte, sie wollte mir nur helfen, damit zurecht zu kommen und das zu verstehen und ich solle nicht auf andere Menschen hören, die diese Entwicklung, die in mir vorgeht, nicht billigen. Du bist okay, höre nicht auf die anderen die meckern und sagen, tu das nicht und das nicht, denn das sind die Leute, die es sehr lange bei dir bequem hatten. Und sie haben gedacht, sie wüssten genau, wie Marlene ist, aber jetzt ist sie plötzlich anders. Nun sind sie versucht, dich so zu verändern, wie sie dich von früher in Erinnerung hatten, aber du entwickelst dich weiter. Sie müssen es entweder akzeptieren oder die Konsequenzen ziehen.

Ich verstehe jetzt so einiges weitaus besser. Es ist unglaublich, was diese Dame alles aus meinem Leben weiß. Es hört sich an, als wäre sie ständig bei mir und das ist ein schönes Gefühl. Sie hat mir nun klar gemacht, dass meine Entscheidung, für Gott und die jenseitige Welt kein Fehler ist, sondern nur eine Entwicklung dem Göttlichen zu. Sie nennt es einen ICE nehmen. Meine Weiterentwicklung hat etwas mit geistiger Geschwindigkeit zu tun. Sich nicht weiter entwickeln zu wollen heißt, für die himmlischen Mächte, auf einem Bummelzug zu fahren. Ich bin der Meinung, wir, welche von anderen so belächelt werden, sind scheinbar auf dem richtigen Weg. Ich danke Gott für die Gnade, dass er mir den richtigen Weg gezeigt und die Augen geöffnet hat.

Sie zeigt mir nun ein hellblaues Licht, sagte John. Hat die Farbe hellblau für dich eine Bedeutung? Sie sagt mir, ich sollte bei dir von der Farbe hellblau sprechen. Weil sie vorher gesagt hat, mach dir keine Sorgen wir sind bei dir. John sagte zu ihr, aber wie weiß Marlene das, wenn ich die Farbe hellblau erwähne. Sie aber sagte, ich wüsste sofort was es bedeutet. Sie sagte auch, die Farbe hellblau würde in deinem Leben eine zunehmende Bedeutung für dich haben. Aber sie wollte das nur noch als Abschlussbestätigung bringen. Sie sagt, du bist ein sehr visueller Mensch mit Bildern und Farben. Die Farbe hellblau, das bin ich. Du musst auch etwas im Hals- oder Kehlkopfbereich gespürt haben, deshalb auch die hellblaue Farbe, denn wir arbeiten an deinem Kehlkopf Chakra. Sei nicht überrascht. Du musst dich auch ständig räuspern, es kitzelt, wenn wir versuchen, bei dir die Unausgeglichenheiten wieder ins Gleichgewicht zu bringen. Das spürst du, weil du sehr sensibel bist und du spürst, dass wir da etwas tun. Aber mache dir keine Sorgen darüber, es ist nur vorübergehend, lass es zu und kämpfe nicht dagegen an. Sie sagt, du hast dir Tabletten gekauft, damit es wieder besser wird, aber es hat nicht geholfen. Sie versuchen, bei dir Blockaden aufzulösen. Die Farbe hellblau hat mit heilen zu tun, mit Inspiration. Mach dir keine Sorgen, lass es zu, denn es tut dir gut, was wir machen.

Das stimmte ganz genau und es überraschte mich sehr, dies zu hören. Ich hatte mir mehrmals Tabletten gekauft, weil ich vermutet hatte, dass ich wieder Probleme mit der Schilddrüse habe. Ich fragte: „Wer schickt mir so oft Blumen aus dem Jenseits?"

Die Dame in Blau sagte: „Die sind von uns, aber es sind mehrere von uns hier aus dem Jenseits. Jetzt höre ich plötzlich Musik im Hintergrund, sagte John, aber es ist keine himmlische Musik, sondern es ist irdische. Es hört sich an wie Gitarrenmusik. *Robert konnte sehr gut Gitarre spielen, vielleicht ist er es.* Die Blumen werden dir geschickt, sagte die Dame in Blau, um dich zu ermutigen. Es ist wie ein Trost aus dem Jenseits, wenn du traurig bist.

Ich möchte noch erwähnen, dass dies mit den Blumen immer häufiger passiert. Es geschieht nicht im Schlaf, sondern ich bin wach. Und es ist ein wunderschönes Erlebnis. Und ob die Farbe Blau eine Bedeutung für mich hat, dachte ich, denn ich konnte während der ganzen Sitzung an nichts anderes mehr denken und hoffte die ganze Zeit, dass sich das Geschehen von damals vielleicht heute aufklären würde. Es war ja auch mit ein Grund, warum ich John aufgesucht hatte. Ich wollte mehr über diese seltsamen Erscheinungen erfahren.

Sie zieht sich nun langsam von mir zurück. Ich weiß, dass du oft mit dem Fahrrad fährst. Sie sagt, sie ist oft mit dir auf dem Fahrrad unterwegs. Ist Fahrradfahren eine Art Meditation für dich, fragte John?

Ich bete immer beim Fahrradfahren, sagte ich zu John.

Sie zeigt mir nämlich dein Fahrrad und sagt, wir sind ganz oft gemeinsam mit dem Fahrrad unterwegs. Sie hat nun gesagt, sie zieht sich zurück. Aber dann ergänzte sie lächelnd, sie zieht sich nur von mir zurück, nicht von dir, und er fragte sie, wie geht es dann weiter? Dann, sagte sie, treten wir den Weg nach Hause gemeinsam auf dem Fahrrad an. Sie sagte nochmals zu John, ich solle mir keine Sorgen über die Veränderungen machen, denn es ist etwas sehr Schönes. Wir haben nichts Ominöses mit ihr vor, sondern nur etwas Schönes.

*Diese Veränderung hat sicher mit meinem und dem
Leben anderer Menschen zu tun. Ich kümmere mich nun
ganz bewusst um die Probleme anderer und versuche,
ihnen mit meinen Büchern und Seminaren Gott, und die
Verstorbenen (und doch Lebenden) näher zu bringen.
Das kann ich auch nur mit den göttlichen Helfern schaffen
und ich bin glücklich, dass die Dame in Blau mir dabei
behilflich ist.*

Auch Tiere haben eine Seele

„Quäle nie ein Tier zum Scherz, denn es spürt wie Du
den Schmerz." Ich glaube diesen Spruch kennt jeder,
aber trotzdem halten sich die Menschen nicht daran.
Tiere haben in meinem Leben immer einen sehr hohen
Stellenwert. Noch heute fällt es mir schwer zu glauben,
dass Tiere keine Seele haben. Denn auch sie sind
Geschöpfe Gottes und wir müssen wieder lernen, mehr
Respekt vor den Tieren und der Natur zu haben. Wir
alle leben in einem Kreislauf, in dem das eine ohne das
andere nicht existieren kann. Jeder Mensch, jedes Tier,
jede Pflanze und jeder Stein hat einen Sinn auf dieser,
unserer Welt zu erfüllen. Es macht mich traurig, wenn
ich daran denke, wie die Welt langsam an der Dummheit
der Menschen zugrunde geht. Flüsse sterben, Tiere
sterben, Wälder sterben, Menschen werden getötet.
Wenn wir die Zeitung lesen oder die Nachrichten hören,
herrscht nur noch Mord und Totschlag auf unserer Welt.
Niemand hat mehr Respekt vor dem Leben oder dem
Eigentum anderer! Was ist aus uns geworden? Wo ist
das Mitgefühl der Menschen für seinen Nächsten
geblieben? Waren wir immer eine so grausame und
egoistische Spezies? Scheinbar schon, denn warum hat
Gott die Sintflut geschickt und nur Noah mit seinen Tieren
verschont? Von jeder Sorte zwei, also ein Paar, damit

sie sich wieder vermehren konnten. Gott dachte damals auch an die Tiere. Hätte er an sie denken müssen, wenn sie keine Seele oder keine Funktion in diesem Universum zu erfüllen hätten? Alle Tiere, die wir Menschen bis dato ausgerottet haben, leben im göttlichen Paradies weiter. Gott würde es nie zulassen, dass etwas, was von ihm erschaffen wurde, ausgelöscht wird. So wird auch unsere unsterbliche Seele niemals sterben.

Gabis verstorbener Mann berichtete bei dem Medium über die Tiere. Es sei interessant, wie sie sich Geschichten erzählen, die denen der Menschen sehr ähnlich sind. Sie enthalten Gedanken und Emotionen. Bei den Tieren bewegt sich emotional sehr viel und so erzählen sie sich auch Geschichten, und ich höre ihren Geschichten zu, sagte er. Und ich wünschte mir oftmals, ich könnte Flugblätter drucken und diese auf die Erde regnen lassen, damit die Menschen sich die Geschichten der Tiere anhören können. Für mich war es ein großes Erwachen, diese Geschichten zu hören und zu erkennen, es sind wirklich Dinge, die sich während eines Tierlebens ereignet haben. Sehr schöne und sehr grausame.

Eine verstorbene Seele berichtet aus dem Jenseits, wie real die Geschichten der Tiere sind, die sie während einem Erdenleben durchleben mussten. Denken Sie nur einmal an die vielen Hunde die während der Urlaubszeit an Autobahnen ausgesetzt werden, weil sie stören. Sie sind doch keine Sache, sie haben ein Herz und eine Seele, ganz genau wie wir.

Aber ganz egal was auch darüber geschrieben wird, es wird nichts besser. Jedes gesprochene Wort ist wie ein Tropfen auf einen heißen Stein. Fangen Sie bereits in der Familie an, ihren Kindern beizubringen wie wichtig Tiere in unserem Leben sind. Wenn Sie einem alten, einsamen Menschen ein Tier schenken, verlängert dieses Tier bei diesem Menschen die Lebenserwartung bis zu sieben Jahre. Schenken Sie einem älteren Menschen aber am besten ein älteres Tier aus dem Tierheim, dass nachher nicht wieder ein Tier auf der Straße steht, wenn der Tierhalter stirbt.

Ein paar Beispiele möchte ich Ihnen aufschreiben, die Sie vielleicht ein wenig glauben lassen, dass Tiere eine Seele haben.

Vor ca. 12 Jahren saß ich abends auf dem Balkon beim Essen. Mein Lebensgefährte strafte mich mit Verachtung, weil ich einer kleinen ausgehungerten Katze etwas zu fressen gab. So etwas tut man nicht, die wirst du nie wieder los, waren seine Worte. Wie Recht er hatte. Der nächste Tag war ein wunderschöner Sommertag, alle unsere Türen standen auf, als ich plötzlich ein Piepsen vernahm. Ich ging zu meinem Freund und sagte, ich glaube, ein Vogel hat sich in unserer Wohnung verirrt. Dann fing ich an zu suchen und sah plötzlich hinter der Couch die Katze liegen, die ich am Vorabend gefüttert hatte. Aber nun war ihre ganze Familie bei uns eingezogen. Sie hatte drei Junge hinter die Couch geschleppt. Mein Freund sagte, Katzen haben immer mehrere Junge, ich werde die restlichen suchen. Und tatsächlich er fand noch zwei kleine Kätzchen hinter einem Holzstadel beim Nachbarn. Er sagte zu mir: „Die bleiben aber nicht bei uns, du musst schauen, dass du sie sofort ins Tierheim bringst." Ich wusste, er mag keine Tiere und rief deshalb im Tierheim an. Diese teilten mir mit, sie hätten keinen Platz und ich solle die Kätzchen großziehen und dann verschenken. Es gab natürlich Ärger, aber ich wollte mich durchsetzen, auch wenn es meine Beziehung beendet hätte, diese Tiere hätte ich niemals töten können. Man riet mir, sie gegen die Wand zu werfen oder zu ersäufen, die Menschen waren außerordentlich erfindungsreich, wenn es ums Töten der armen Kreaturen ging.

Die Katze war keine sehr gute Mutter. Jede Nacht stand ich im Garten und musste nach ihr rufen, denn sie hatte kein großes Interesse an ihren Kindern, sie war noch viel zu jung. Aber gemeinsam haben wir es dann doch geschafft, die Kinder groß zu bekommen. Ich wurde fast täglich aus Dankbarkeit mit einer Maus belohnt. Sie wollte, dass es auch mir gut ging und brachte mir reichlich zu essen. Aber mir drehte sich jedes Mal der Magen um, schimpfen durfte ich sie trotzdem nicht, denn es war ja ein Liebesbeweis. Meinem Lebensgefährten wurde es zu bunt. „Die Katzen müssen aus dem Haus, das ist Psychoterror." Natürlich waren die kleinen Racker stressig, denn kein Vorhang, kein Blumenstock, nichts war vor ihnen sicher. Als sie dann 8 Wochen alt waren, inserierte ich die Tiere und sie kamen auch alle in ein sehr gutes Zuhause. Die Mutter und ein Kleines wollte ich jedoch nicht hergeben. Aber mein Freund ließ sich nicht erweichen. Die Katzen oder ich, sagte er damals. Meine Tochter organisierte ein Zuhause auf einem Bauernhof für die beiden Katzen. Ich werde nie den Tag vergessen, als die zwei Katzen abgeholt wurden. Die Katze spürte bereits, dass man etwas mit ihr vor hatte. Sie war ganz nervös. Als ich dann alles eingepackt hatte und zu ihr sprach, konnte ich sehen, dass ihre Augen einen feuchten Schimmer bekamen. Man sagt Tiere weinen nicht, aber es sah aus, als würde sie weinen. Als ich sie mit ihrem kleinen Sohn ins Auto brachte, schrie sie wie verrückt. Mein Herz tat mir weh bei dem Gedanken, dass ich sie nie mehr sehen würde. Aber es dauerte keine Woche, da waren sie wieder bei mir. Die Frau, welche die Tiere aufgenommen hatte, brachte sie wieder zurück, denn sie wollten nichts mehr fressen und die Katzenmutter schrie nur. Mit zwei so verrückten Katzen könne sie nichts anfangen. Jetzt saß ich wieder da mit den Tieren und mein Lebensgefährte wollte sie sofort ins Tierheim bringen. Aber da fiel mir ein, dass ich eine Nachbarin habe, die ein sehr großes Herz für Tiere hat. Ich fragte sie, ob sie die beiden Katzen aufnehmen möchte, denn sonst kämen sie ins Tierheim und das würde mir das Herz brechen. Sie willigte ein. Nun hatten die zwei Kätzchen ein neues, gutes Zuhause und ich konnte sie jeden Tag sehen. Petzi, so hieß die Katze, kam mich täglich besuchen und brachte mir ab und an ein paar Leckerbissen mit. Wenn sie Zeit hatte, begleitete sie mich ein wenig, sie war anhänglich wie ein kleiner Hund. Als dann unser Wohngebiet immer größer wurde und es nicht ausblieb, dass auch Raser unter den neuen Bewohnern waren, wurde unsere Katze von einem jungen Autofahrer, der mit überhöhter Geschwindigkeit durch das Wohngebiet raste, totgefahren. Den ganzen Tag musste ich weinen und mein Herz tat mir weh. Aber jedes Mal, wenn ich an die Katze denken musste, sah ich das liebe Gesicht von Gabis Tochter Andrea und diese lächelte immer, wenn ich an das Tier dachte. Es war so schlimm, dass ich den Telefonhörer nahm und Gabi anrief. Ich berichtete ihr, dass ich nicht wüsste, warum ich den ganzen Tag das lächelnde Gesicht ihrer Tochter sehe. Diese erschrak und sagte, mein Sohn fliegt heute von Dubai nach München zurück, ich hoffe es passiert ihm nichts. Nein, sagte ich, das ist es nicht, denn sie lächelt ja immer. Dann berichtete ich ihr von meiner Traurigkeit wegen der Katze. Auf einmal wurde Gabi hellhörig. Du bist traurig, weil die Katze totgefahren wurde? Jetzt weiß ich, warum du ständig meine Tochter siehst und was es zu bedeuten hat. Ihre Aufgabe im Jenseits ist es, auf Tiere aufzupassen, das hat sie mir durch ein Medium übermittelt, beim nächsten Mal werde ich dir die Kassette mitbringen, sagte Gabi. Sie wollte dir sicher nur mitteilen, dass dein Kätzchen bei ihr angekommen ist und sie sich darum kümmern wird. Für mich und für Gabi war es ein wunderbares Erlebnis, dies zu hören.

Vergessen Sie nie, dass die Tiere, auch wenn sie nicht unsere Sprache sprechen können, eine Seele haben, die sehr hoch entwickelt ist. Sie können besser hören, riechen, hellsehen und auch fühlen als wir Menschen. Sie beschützen uns unter Einsatz ihres Lebens. Einer meiner Arbeitskollegen und seine ganze Familie würden heute nicht mehr leben, wenn ihnen ihr treuer Schäferhund nicht das Leben gerettet hätte. Sie waren gerade in ihr neues Fertighaus eingezogen, als ein Kurzschluss ein Feuer entfachte. Der Schäferhund rannte durch das ganze Haus, um alle seine Lieben zu warnen. Alle entkamen den Flammen, außer dem treuen Schäferhund. So gibt es sehr, sehr viele Erlebnisse, bei denen Tiere ihren Besitzern das Leben gerettet haben.

Abgeschrieben von einer Kassette vom 04.02.2003. Andrea spricht durch ein Medium zu ihrer Mutter über das traurige Schicksal der Tiere.

Gabi fragte das Medium: Könnten Sie meine Tochter fragen, ob sie unseren Hund namens Stöppel auch ab und zu sehen kann? Hatte der etwas an den Hinterbeinen, fragte das Medium? Genau, er war ein Dackel und hatte Dackellähmung. Es wurde mir gerade ein Hund gezeigt, der Probleme mit den Hinterbeinen hat. Andrea sagt, weißt du, sein Leben als Hund auf der Erde ist zu Ende, aber hier im Jenseits ist es nicht zu Ende. Ich kann noch immer mit ihm spielen, obwohl Papa und ich im Licht sind, haben wir ihn noch sehr oft um uns. Sie sagt, er ist ein ganz Pfiffiger, er könnte auch die Zeichensprache verstehen.

Das stimmt, sagt Gabi, es genügte nur ein Gesichts-ausdruck, man musste nicht mit ihm reden.

Das Schöne ist, sagte Andrea, ich kann jetzt mit ihm reden. Wir können richtig kommunizieren und nicht mehr nur mit „Wuff" und sie lacht und sagt, weißt du, damit möchte ich dir auch sagen, jedes Tier das in seinem Körper auf Erden eine bestimmte Sprache spricht, die sonst nur von den Tieren untereinander verstanden wird, können auch wir jetzt verstehen. Wenn diese Tiere lange genug in der geistigen Welt sind, können auch sie durch Gedanken sprechen, dann können wir einander richtig verstehen. Auf dieser Lichtebene, auf der ich eine Kugel oder ein Schmetterling sein kann, auf dieser Ebene können wir ganz klar verstehen, was die Tierwelt uns sagt.

Als ich dieses Band hörte, wurde ich sofort an meine Erscheinungen mit den wunderschönen Kugeln erinnert. Ich hatte in dem Buch über die Engel darüber berichtet, wusste es aber nicht genau zu deuten. Das Medium gab mir die Antwort und nun spricht auch Andrea davon, sich in eine Kugel oder in einen Schmetterling verwandeln zu können. Werde ich von Zeit zu Zeit von lieben Verstorbenen besucht?

Dazu fällt mir ein, als meine Freundin Simone heiratete, sah sie, als wir im Standesamt waren, immer eine leuchtende Kugel im Raum schweben. Sie fragte mich: „Kannst du die Kugel sehen?" Ich konnte die Kugel dieses Mal nicht sehen, denn sie war alleine für Simone bestimmt. Sicher war es ihr verstorbener Vater, der bei ihrer Hochzeit dabei sein wollte, es war sein Hochzeitsgeschenk für Simone.

Andrea sagt, wenn wir verstehen, wovon die Tiere reden, müssen wir sehr viel an der Heilung in der geistigen Welt arbeiten, um in der Tierwelt diese Heilung zu bewirken. Es geht folgendermaßen, sagt Andrea. Stell dir das so vor, da sind Tiere, die werden schlecht behandelt. Die können nur miauen, bellen, grunzen oder muhen, aber auch sie haben ihren spirituellen Partner bzw. Engel in der geistigen Welt und dieser versteht natürlich, was im Kopf, im Herzen und in der Seele dieses Tieres vor sich geht. Sie können uns übersetzen, was diese Tiere erleben. Und sie sagt, es ist entsetzlich, was wir dort zu hören bekommen. Ich habe dir doch gesagt, dass Papa und ich zusammen arbeiten. Wir arbeiten mit der Tierwelt. Wir können sehen, was auf der Erde passiert, aber wir bekommen es auch von den Engeln der Tiere in der geistigen Welt übermittelt. Mein Vater und ich tun auf dieser Ebene sehr viel und sie sagt, was mit den Tieren geschieht, setzt sehr viel traurige Energie frei. Wenn die Menschen nur sehen könnten, wie finster dieses große energetische Feld aussieht. Nicht nur davon, was die Menschen mit den Menschen tun, sondern auch, weil sich darin zeigt, was die Menschen den Tieren schreckliches antun. Wenn der Mensch dieses schwarze Feld sehen könnte, das über der Erde hängt, dann würden sich die Menschen keine Sorgen mehr machen, ob das Ozonloch klein oder groß ist, sondern sie würden sich Sorgen machen über diese Riesenwolke, in der das Leid der Tiere und Menschen zum Himmel schreit. Es wird von unserer Seite sehr viel daran gearbeitet. Das wollte ich dir einfach gerne einmal erzählen.

Es liegt ihr sehr am Herzen, sagte Gabi, denn darüber hat sie beim letzten Mal schon gesprochen. Sie sagte beim letzten Mal ihrer Mutter, sie müsse auch etwas dazu beitragen, dass es den Tieren bald besser geht. Ich kann aber nicht viel bewegen, bei mir kommt nicht viel zustande, sagte Gabi zu dem Medium. Kennst du nicht das Beispiel von der Kerze im dunklen Raum, sagte das Medium zu Gabi? Wenn du das Gefühl hast, dass du selber gar nichts ausrichten kannst, dann sage dir immer, mein Licht kann jemand anderem helfen, sein Feuerzeug zu finden, um sein Licht anzuzünden. Jedes Licht macht sehr viel aus. Man muss weder klug noch reich, noch dumm noch arm sein, um etwas zu bewirken, das Einzige, was dazu notwendig ist, ist alleine der Wunsch danach. Selbst, wenn du nicht sofort siehst, dass du etwas bewirkst, weil wir glauben, wenn wir etwas tun, dann muss sich in der materiellen Welt etwas tun. Das tut es aber nicht immer. Es müssen zuerst sehr viele Kerzen in der Dunkelheit brennen, erst dann kann es nach außen in die Materie strahlen. Aber woher will ich denn wissen, dass nicht gerade meine Kerze die letzte ist, wodurch etwas materiell wird, oder dass meine Kerze nicht die erste ist. Bescheidenheit und Demut ist ganz wichtig, aber wir sollen auch erkennen, wie viel jeder einzelne, wenn er nur will, ausrichten kann. Jeder positive Gedanke ist wie das Entzünden einer Kerze und die Verbreitung von Licht. Ein Lächeln im richtigen Moment kann schon viele Menschen glücklich machen.

Deine Tochter sagt, du tust wirklich sehr viel, denn du hast schon viele kleine, mittlere und auch große Kerzen aufgestellt. Und sie sagt, diese Kerzen gehen nie wieder aus, sie bleiben immer bestehen. Das ist typisch für meine Mutter, oft denkt sie, puh, was kann ich schon großes machen oder bewirken? Aber das ist nicht wahr. Es werden in jedem Lernprozess immer neue Herausforderungen auf dich zukommen, aber wenn sie kommen, dann heißt es nicht, dass du versagt hast, sondern es heißt, dass dort wieder eine Tür ist, durch die du gehen kannst. Es ist wie ein ewig langer Flur mit vielen Türen, aber dieser Flur ist nach oben hin immer offen und es scheint sehr viel Licht herein. Ab und zu reiße ich eine Tür auf und sage, hallo Mum, hier bin ich, auf diesem Flur bist du nicht alleine. Aber egal, was ich mache, es geschieht immer in Liebe und nicht, um dich zu ärgern.

Es ist tatsächlich so, dass ihre Mutter einen sehr großen Beitrag für mein Buch geleistet hat. Wäre sie nicht gewesen, dann hätte ich sehr viele wichtige Dinge für meine Bücher niemals erfahren und die Leser auch nicht. So stimmt also das Beispiel mit der Kerze. Mit einem Licht kann man viele Lichter anzünden. Gabis Tochter berichtete ihrer Mutter von so vielen uns unbekannten Dingen, weil sie wusste, dass irgendwann einmal jemand kommt und ein Buch darüber schreibt! Bei Gott ist nichts unmöglich und alles, wirklich alles, ist Bestimmung. Müssen die Menschen dann und wann einmal wach-gerüttelt werden um sich zu ändern? Wenn die Worte dieses verstorbenen Mädchens nur ein paar Herzen berühren und die Menschen anfangen umzudenken, dann hat sich dieses Buch gelohnt. An dieser Stelle fällt mir ein kleines Gedicht ein, dass ich bereits vor vielen Jahren in meinem Namibia Reiseführer veröffentlicht habe. Es liegt mir noch immer sehr am Herzen. Ich bin mir sicher, es liegt auch Gott mit seinen Engeln am Herzen.

**Mutter Erde mit Deiner wunderschönen Natur,
was machen mit Dir die Menschen nur?
Du hast uns genährt, mit all Deiner Kraft, aber was
haben wir mit Dir nur gemacht?**

**Wir roden die Wälder, verschmutzen die Gewässer,
wir kennen das Problem, aber nichts wird besser.
Geparden, Leoparden und Elefant,**

alles wurde erschaffen durch Gottes Hand,
aber wir haben bis dato noch nichts erkannt!
Wir töten die Tiere, sie sterben aus, aber es gibt
Menschen die machen sich gar nichts daraus. Es
zählt nur Macht und Geld auf unserer manchmal
so grausamen Welt.

Alles sollte existieren in Liebe, Friede und
Harmonie,
aber ich glaube, das schaffen wir nie!

Wir reichen uns die Hände,
ob rot, gelb, schwarz oder weiß,
wir müssen zusammenhalten,
denn vor Gott sind wir alle gleich!

Jeden Tag stirbt eine Pflanze,
jeden Tag stirbt ein Tier,
wir müssen bald etwas ändern,
denn sonst sterben bald auch wir!

Marlene Toussaint

Tiere sehen und fühlen weitaus mehr als wir. Sie können sozusagen besser mit der geistigen Welt kommunizieren als die Menschen. Sie haben keine Vorurteile. Ihr Geruchsinn, ihr Sehen und Hören ist viel besser ausgeprägt als bei uns Menschen. Beobachten Sie einmal ein Tier, wenn ein Angehöriger diese Welt verlassen hat, dem auch das Tier sehr nahe stand. Sicher werden Sie sich fragen, was hat denn die Mieze oder Bello da gesehen? Denn ohne ersichtlichen Grund fangen sie an, sich zu freuen, schnurren, schauen etwas an, was für Sie nicht vorhanden ist oder der Hund wedelt mit dem Schwanz und läuft ganz aufgeregt umher und bellt.

Sicher schimpfen sie ihn noch, weil er ohne ersichtlichen Grund so einen Radau macht, aber er freut sich über den Besuch aus der geistigen Welt. Viele Tiere können die Verstorbenen sehen, wenn sie uns besuchen kommen.

So passierte dies auch einem jungen Mann, der vor einigen Monaten seine geliebte Frau verloren hat. Sie hatten zwei Hunde, die sehr trauerten, als ihr Frauchen starb. Eines Abends, standen sie beide an der Haustüre und winselten, sie wollten unbedingt aus dem Haus. Es war genau wie früher, wenn sie hörten, dass ihr Frauchen von der Arbeit kam. Er öffnete ihnen die Türe und konnte sehen, wie beide schwanzwedelnd auf etwas Unsichtbares zurannten, hochsprangen, jaulten und sich freuten. Es dauerte mehrere Minuten. Obwohl der Mann seine Frau nicht sehen konnte, war er in der Lage, durch die Tiere ihre Anwesenheit zu spüren. Wenn auch Sie in Trauer sind, beobachten Sie ihre Tiere und Sie werden sehr viel von ihnen lernen können. Tiere brauchen unsere Zuwendung, wir müssen sie schützen, genau wie unsere Kinder, denn sie sind das schwächste Glied in unserer Gesellschaft.

Susannes Eltern waren über das Verhalten ihrer Tochter geschockt. Vor ein paar Monaten starb ihre geliebte Perserkatze. Aber wie war es möglich, dass ihre Tochter sie noch immer sah? Sie gab ihr zu essen, sie nahm sie auf den Arm und sie spielte noch immer mit ihr, als ob nichts geschehen wäre. Die Eltern waren ganz verzweifelt, denn auch die Gespräche mit ihrer Tochter brachten nicht den gewünschten Erfolg. Sie sahen sich gezwungen, eine Psychologin einzuschalten, denn sie dachten, ihre Tochter sei nicht mehr ganz normal und jeder, der das Ganze miterleben konnte, zweifelte an ihrem Verstand. Als die Therapie begann, versuchte es die Psychologin natürlich zuerst mit Gesprächen. Aber Susanne war überzeugt, ihre Katze sei präsent und ließ sich nicht vom Gegenteil überzeugen. Dann kam der Therapeutin die rettende Idee. Sie machte den Eltern den Vorschlag, beim nächsten Besuch einen Fotoapparat mitzubringen, wenn dann die Fotos entwickelt wären und Susanne feststellte, dass auf den Fotos keine Katze zu sehen ist, dann würde der ganze Spuk wohl bald beendet sein. Man machte die Bilder und ließ diese entwickeln. Jeder war vom Gelingen des Vorhabens überzeugt. Aber was dann passierte war unglaublich. Die Fotos waren entwickelt und zum Erstaunen aller war die Katze auf jedem Foto vorhanden. Die Tochter konnte tatsächlich ihre verstorbene Katze sehen, aber für die anderen war sie unsichtbar. So etwas ist schon oft passiert, dass Tiere oder Verstorbene auf Fotos zu sehen sind.

Ich erinnere mich noch an eine Gruppensitzung bei John. Er ging auf eine junge Frau zu und sagte, dein Pferd ist da. Sie lachte laut los und sagte: „Mein Pferd? Ja, hattest du kein Pferd? Doch, sagte sie, aber es ist schon einige Jahre tot. Das ist klar, denn sonst wäre es heute nicht hier, meinte John. Aber neben dem Pferd sitzt noch ein dicker, schwarzer Kater.
Die Frau wurde regelrecht blass. Das ist unser Katerchen, er ist auch tot und die beiden waren dicke Freunde.

Ich soll dir sagen, sie sind immer noch Freunde. Außerdem ist es deinem Pferd wichtig, dir zu sagen, dass du eine sehr angenehme Person beim Reiten warst, eine sehr gefühlvolle, nicht wie deine Freundin. Es sagt, die konnte mit ihm nicht so gut umgehen.

Das stimmt, sagte die junge Frau etwas verstört. Ich nehme an, sie hatte mit Oma und Opa gerechnet an diesem Abend aber nicht mit Pferd und Katze.

Ist das nicht verrückt, was sie erzählt, werden die Leute sagen, wenn sie von ihrem Besuch bei einem Medium berichtet? Mein Pferd und die Katze aus dem Jenseits waren da. Wie oft hat man Menschen wegen solchen Dingen in die Irrenanstalt gesteckt? Selbst heute passiert das noch. Aber man sollte nicht immer gleich alles mit dem Stempel verrückt abtun, nur weil man es nicht versteht. Verrückte Menschen agieren anders und nicht jeder Mensch hat das Glück, diese Dinge zu erleben. Es ist ein Geschenk aus der jenseitigen Welt. Auch mir passieren diese Dinge, aber ich hatte die Hälfte meines Lebens mit solchen Dingen nichts zu tun. Gott schenkt uns den Einblick in seine Welt, wenn er der Meinung ist, dass es für irgendetwas wichtig ist. Für meine Bücher z.B. war diese Hilfe aus der jenseitigen Welt sehr wichtig. Was auch ich am Anfang nicht wahrhaben wollte und wo ich dachte, langsam fange ich an zu spinnen, war nur eine Hilfestellung für dieses Buch. Könnte ich darüber schreiben, wenn ich es nicht selbst erlebt hätte? Gerade ich „ungläubiger Thomas", denn bei mir muss sehr viel passieren, bis ich etwas glaube. Gott hat mir die Tür zu seiner Welt geöffnet und ganz viele Wunder sind geschehen, die ich für Sie aufgeschrieben habe. Sie passierten alle, nachdem ich mir vorgenommen hatte, ich schreibe keine Bücher mehr. Aber ich musste wieder ein Buch schreiben, weil wieder so viel Schönes passiert ist, das ich Ihnen nicht vorenthalten darf.

Mein Schutzgeist hat es mir zur Aufgabe gemacht, noch mehrere Bücher zu schreiben. Ich werde mich fügen. Aber damit das alles machbar ist, müssen die Wesen aus der geistigen Welt mir einen Einblick in ihre Welt gewähren und den habe ich erhalten. Jedes Mal, wenn ich an meinem Computer sitze, kann ich die Hilfe, die aus der geistigen Welt kommt, spüren. Sie speisen mich mit ihren Gedanken und wenn ich wollte, könnte ich innerhalb einer Woche dieses Buch veröffentlichen. Mein Schutzgeist sagte ja bereits, er müsse mich immer antreiben, dieses Buch zu schreiben. Das stimmt, denn ich sitze täglich beruflich stundenlang am Computer und bin froh, wenn ich ein wenig Freizeit habe.

Helfen auch Sie, das Leid der Menschen, der Tiere und der Pflanzen zu lindern. Wenn Sie ein Tier haben, streicheln Sie es. Wenn Sie einen Garten haben, pflanzen Sie ganz viele Bäume, denn sie sind der Atem der Welt, unser Sauerstoff, das was uns am Leben erhält. Gott hat unsere Welt wunderbar konzipiert. Das eine kann ohne das andere nicht bestehen. Allerdings wäre die Natur ohne den Menschen besser dran. Wir dürfen die Tiere nicht quälen oder die Wälder roden und sterben lassen. Jeder einzelne kann helfen. Wenn nur tausend Menschen, die dieses Buch lesen, den Rat befolgen und einen Baum pflanzen, anstatt zu roden, dann hat es sich gelohnt darüber zu schreiben.

Auch ich esse Fleisch, habe in letzter Zeit aber immer mehr das Gefühl, dass ich kein Fleisch und keine Wurst mehr essen möchte. Als man in einer Séance den 1945 verstorbenen Edgar Cayce fragte, ob es gut sei, Fleisch zu essen, da sagte dieser: „Tiere, die man zum Schlachthof fährt, spüren mit jeder Pore ihres Körpers, dass sie sterben müssen, weil sie auch die Todesschreie der anderen Tiere hören. Deshalb schütten sie vermehrt Adrenalin aus. Dieses Adrenalin verseucht ihre Körper und wird von uns beim Essen aufgenommen. Beim Menschen bewirkt es Angst, Depressionen, Aggressionen und negative Gedanken. Es wird auch in unseren Zellinformationen gespeichert. Die ersten Menschen haben sich nur von Pflanzen ernährt. Auch in der heutigen Zeit wäre dies sehr gut möglich. Mit Obst und Gemüse nehmen wir all das auf, was der menschliche Körper zum

Überleben benötigt. Würden wir uns mehr von Obst und Gemüse ernähren, gäbe es auch keine Fettleibigkeit mehr und keine Herz- Kreislaufprobleme."

In den letzten Jahren habe ich den Fleischgenuss sehr eingeschränkt. Es liegt nicht daran, dass ich Vegetarierin geworden bin, sondern es schmeckt mir einfach nicht mehr, den Grund kann ich nicht erklären. Aber es wäre wieder ein eigenes Kapitel, dass der Genuss von zu viel Schweinefleisch den Menschen krank machen kann. Wurde uns BSE, die Schweinepest und die Vogelgrippe von Gott geschickt, damit wir endlich wach werden? Haben wir etwas daraus zu lernen? Wollte Gott dem Leid und dem Schmerz und den Qualen der Tiere bei den Tiertransporten ein Ende bereiten? Der Fleischkonsum ist zwar rückläufig, aber ich glaube, wir haben nichts daraus gelernt. Ich habe erst heute einen Bericht gesehen, wie man die Tiere behandelt, die vermeintlich an Vogelgrippe erkrankt sind. Sie werden in Müllbeutel geworfen und diese werden zugeschnürt. Was haben diese Tiere verbrochen, das man sie wie eine verdorbene Ware behandelt. Gibt es nicht doch Menschen unter uns, deren Herz schwer wird, wenn sie so etwas sehen? Ist das nicht mehr der Fall, dann sind unsere Herzen erkaltet. Wir müssen die schwarze Wolke, die über der Erde hängt und weitaus schlimmer als das Ozonloch ist, vertreiben. Das gelingt nur mit viel Liebe zu Gott, der Achtung vor jedem Lebewesen, den Menschen, den Tieren und der Natur. Nichts ist vergänglich. Den Lohn für unser Leben auf dieser Welt, für unsere guten oder schlechten Taten werden wir im Jenseits erhalten, das dürfen wir nicht vergessen und danach sollten wir immer leben.

Denken Sie immer an Gottes Wort: „Was ihr dem Geringsten meiner Brüder getan, das habt ihr mir getan." Niemand könnte es treffender ausdrücken. Aber dazu gehören auch die Tiere und Pflanzen, denn das eine kann ohne das andere nicht existieren.

Der Kampf einer Mutter gegen die Trauer

Es ist ein Bericht von Gabi Maier, wie sie nach dem Tod ihres Mannes, ihrer Eltern und ihrer geliebten Tochter wieder den Weg aus der Trauer gefunden hat. Der Tod all derer, die sie so geliebt hat, hatte ihr ganzes Leben verändert. Sie hatte das Gefühl zu fallen und wusste nicht, was passieren würde, wenn sie unten ankommt.

Der Tod meines Mannes, er war der erste, der mich auf dieser Welt verlassen hatte, wühlte mich so auf, dass ich wissen wollte, wo gehen die Verstorbenen hin und was passiert mit ihnen? Gibt es tatsächlich ein Leben nach dem Tod? Ich kaufte mir Bücher: wie „Danach und Woher - Wohin?" Darin standen Erfahrungsberichte von Verstorbenen was sie im Jenseits bei ihrer Ankunft erlebten. Sie berichteten von ihrem Sterben, dem Übergang ins Licht, der Ankunft und dem Zusammentreffen mit anderen geliebten Geistwesen, den Engeln, die ihnen Beistand leisteten. Eine sehr christliche Frau diente den Jenseitigen als Medium, sie schrieb alle ihre Durchgaben, Erfahrungen und Erlebnisse auf.

Meine geliebte Tochter Andrea starb 13 Jahre nach dem Tod meines Mannes. Ein paar Jahre später verunglückten meine Eltern tödlich. Ich glaubte mein Herz könne diesen furchtbaren Schmerz nicht mehr ertragen und würde zerspringen vor Leid. Ich stand unter Schock, denn wenn ein Kind stirbt, hat man das Gefühl das Herz wird einem herausgerissen. Meine Tochter war und ist ein Teil von mir, wir sind mit dem ewigen Band der Liebe verbunden und auf einmal sollte das für immer durchtrennt worden sein. Es gibt kaum Worte, wie ich diesen Schmerz beschreiben kann, denn Trauer kann man nicht beschreiben. Trauer ist immer da, wenn man zu Bett geht, wenn man aufsteht, wenn man arbeitet, wenn man entspannen will. Der Körper wird krank vor Schmerz, man will dem geliebten Menschen am liebsten folgen und man sieht keinen Sinn mehr im Leben. Man fühlt sich einsam, leer, ausgelaugt, tot.

Ein kleiner Hoffnungsschimmer tat sich auf, als ich zwei Tage nach dem Tod meiner Tochter in eine Kapelle ging um zu beten. Ich schaute ganz intensiv auf das Altarbild und dachte an meine Tochter. Plötzlich hörte ich ihre Stimme, wie sie sagte: „Hallo Mutti, sei doch nicht so traurig, da wo ich jetzt bin, geht es mir doch gut. Wir sehen uns ja wieder. Was ist denn schon Zeit?" In diesem Moment, als ich ihre Worte hörte, kam ein wahnsinniges Glücksgefühl in mir hoch und ich wusste, dass wir nur für eine kurze Zeit getrennt sein würden. Sie ist ja noch um mich herum, aber nicht mehr in ihrem physischen Körper. Aber ihre Seele lebt. Ihr Geist lebt, sie hat sich nicht verändert, sondern nur ihr irdisches Kleid abgelegt. Nun wurde mir klar, dass ich weiterhin mit ihr kommunizieren kann. Von da an, wurde der Gedanke, mit meiner Tochter Kontakt aufzunehmen, immer intensiver. Ich lernte ein Ehepaar kennen, die ihren Sohn verloren hatten. Sie nahmen regelmäßig über Tonband Kontakt mit ihm auf. Der Mann war Arzt und sehr Vertrauen erweckend, deshalb war ich glücklich, als er mir anbot mit meiner verstorbenen Tochter eine Kontaktaufnahme über Tonband herzustellen. Aber der erhoffte Erfolg blieb aus. Es war mir zu kompliziert und langwierig. Es kam einfach zu wenig von meiner Tochter. Der einzige Satz, der kam, war: „Mama, ist dies der Tod?" Ich aber wollte mehr über sie erfahren.

Danach suchte ich ein Trancemedium auf. Es war sehr beeindruckend und ich möchte berichten, was meine Tochter sagte. Es existiert eine Kassette auf der alles aufgenommen wurde.

Auch ich habe diese Kassette gehört und alles wurde genau wiedergegeben.

Mama, Mama, oh Mama, ja ich habe heute morgen schon versucht mit dem Medium Kontakt aufzunehmen. Sie ist in der Früh davon aufgewacht aber sie hat Angst bekommen, doch ich wollte sie nicht erschrecken. Deshalb habe ich mich wieder von ihr abgewandt, weil sie solche Angst vor mir hatte. Ich habe versucht, ihre Hand zu halten. Ich wollte ihr eine Mitteilung machen, dass ich heute Abend kommen werde. Aber wir dürfen nicht zu sehr in euer Leben eingreifen. Wir müssen uns immer wieder zurückziehen. Doch ich möchte dir eines sagen, solange die Energie noch da ist. Weißt du, auch wenn es dir seltsam erscheint, weil ich so früh weggeholt worden bin, wir werden nicht weggeholt um bestraft zu werden, sondern wir müssen in einer anderen Ebene weiterwirken. Und du hast die Aufgabe, Trauer aufzuarbeiten. Du hast so viel erlebt und du hast alles noch nicht verarbeitet, du verdrängst es, aber du musst es aufarbeiten. Du musst an dir arbeiten, Mama. Und es ist keine Strafe, dass ich dir weggeholt worden bin. Ich bin immer bei dir, ich halte dich an den Schultern fest, spürst du es, spürst du die Wärme, wenn ich dich drücke? Ich lehne mich an dich, so weit es mir möglich ist. Aber weine bitte nicht, weine bitte nicht! Mir geht es viel besser als dir! Mama, ich möchte nicht, dass du traurig bist. Ich wollte auch noch länger leben, glaube es mir, aber es liegt nicht in unserer Hand. Es sollte so sein, aber ich bin ja nicht tot, so wie ihr den Tod seht, ich bin nicht tot, ich lebe. Aber ich lebe in einer ganz anderen Welt und ich bin dankbar, das ich eine Möglichkeit gefunden habe, mich dir mitzuteilen. Das kann nicht jeder, glaub mir, das kann nicht jeder, diesen Kontakt herstellen. Wir brauchen ganz viele Helfer dazu, die uns die Möglichkeit dazu geben. Ich bitte dich nochmals, bitte, bitte Mama, weine nicht um mich! Da musst du durch, du musst noch durch einiges durch und du sollst dich nicht alleine fühlen.

Gabi wusste damals nicht, was der Satz ihrer Tochter zu bedeuten hatte. Aber zwei Jahre später verunglückten ihre Eltern tödlich mit dem Auto.

Auch der Schmerz der dir zugefügt wurde, sagte ihre Tochter, der war vorher bestimmt. Du musst reifen und bete bitte viel, das Gebet ist so wichtig, das habe ich jetzt erst gelernt.

Nach diesem Gespräch mit meiner verstorbenen Tochter ging es mir wieder besser. Ab sofort hat sich mein Leben zum Positiven verändert. Ich gehe jährlich zweimal zu einem Medium und habe Kontakt mit meiner verstorbenen Tochter. Das Medium kennt meine Tochter nicht. Aber ich erfahre durch sie so viel und es kann nur meine Tochter sein, denn niemand außer ihr könnte meine geheimsten Gedanken so kennen, wie meine Tochter und aus unserem Familienleben plaudern, wie sie es tut. Jedem, der traurig über den Tod eines geliebten Menschen ist, rate ich diese Erfahrung zu machen. Es wird ihnen Kraft, Liebe und Verständnis geben, mit ihren geliebten Verstorbenen zu kommunizieren.

Auch ich bin der Meinung das es unseren lieben verstorbenen Seelen besser geht als uns Zurück-gebliebenen. Sie leben weitaus besser als wir, auf der Ebene des Licht und der Liebe. Auch ich betone immer wieder, beten Sie für die Seelen die bereits von uns gegangen sind. Beten Sie, dass die Welt zu einem besseren Ort wird, dass Kriege ein Ende nehmen und säen Sie das Saatkorn der Liebe in unserer heutigen traurigen Zeit. Gott liebt Sie und jeder von uns kann durch die Kraft der Gebete das ganze Universum zum Guten verändern. Gott hört unsere Gebete und wird uns dafür belohnen.

Wunder durch die Medaille der Gottes Mutter

In meinem Umfeld passierten bereits so viele Wunder mit der Medaille der Gottesmutter, dass ich Sie an dem Erlebten teilhaben lassen möchte.

Der Novizin Katharina Labouré erschien am 18. Juli 1830 zum ersten Mal ein Engel. Dieser bat Katharina in die Kapelle zur Heiligen Jungfrau Maria zu kommen. Sie ging mit und eine wunderschöne Frau kam und ließ sich vor ihr auf dem Chorstuhl nieder. Katharina kniete sich vor die schöne Frau und legte ihr die Hände in den Schoß, wo sie dann die Worte vernahm: „Mein Kind, ich will dir einen Auftrag geben. Du wirst dabei viel Widerspruch erfahren, aber fürchte dich nicht, meine Gnade wird dir helfen."

Als Katharina am 27. November 1830 wieder in der Kapelle war, erschien ihr wieder die Jungfrau Maria. Ihr Gesicht war lieblich und ein weißer Schleier, der ihr bis zu den Füßen reichte, verdeckte ihr Haupt. Mutter Maria stand auf einer Halbkugel, eine Schlange zertretend und trug in ihren Händen eine kleinere Kugel. Katharina hörte sie sagen: „Die Kugel, die du siehst, stellt die Welt dar, mit jeder einzelnen Seele." Maria streckte ihr die Hände entgegen, wobei von der einen Hand leuchtende Strahlen ausgingen. Die Mutter Gottes sprach: „Siehe, diese

Strahlen sind das Sinnbild der Gnaden, die ich über jene ausgieße, die mich darum bitten."

Um Maria herum war ein ovaler Rahmen, über dem in Gold geschrieben stand: „Maria, ohne Sünde empfangen, bitte für uns, die wir zu dir Zuflucht nehmen." Und Katharina vernahm die Worte: „Lass nach diesem Bild eine Medaille prägen." Nun drehte sich das Bild und Katharina sah den Buchstaben M, über dem ein Kreuz stand, darunter war das Herz Jesu mit einer Dornenkrone umgeben und das Herz Marias war vom Schwerte durchbohrt. Ein Kranz mit 12 strahlenden Sternen umrahmte das Bild.

Katharina sprach mit dem Erzbischof und dem Pater Aladel über die Begegnung mit der Gottesmutter und deren Wunsch, dass eine Medaille geprägt werden sollte. Dieser erlaubte die Prägung. Katharina war sehr glücklich darüber, denn nun wurde der Wunsch der Gottesmutter erfüllt. Sie wusste, nun wird sich der Gnadenstrom aus dem Herzen Marias auf alle ergießen, welche mit großem Vertrauen an die Mutter Gottes glaubten und vertrauten und diese Medaille trugen.
Als die ersten Medaillen verteilt wurden, fanden viele Abtrünnige wieder den Weg zu Gott. Viele Bekehrungen und Heilungen ereigneten sich bei den Menschen, welche die Medaille trugen und an ihre Kraft glaubten. Die Menschen fingen nun an, von der wunderbaren Medaille der Gottesmutter zu reden.

Maria hatte versprochen, dass alle Menschen, die diese Medaille tragen, große Gnaden erlangen werden. Und sie hat ihr Versprechen gehalten. Viele, die diese Medaille trugen, haben den Krieg unversehrt überlebt. Häuser wurden von Unwetter und Brand verschont. Sie hilft unglücklichen Menschen, wieder Freude zu empfinden,

Kranken, wieder gesund zu werden, Sterbenden, leichter das irdische Dasein zu verlassen. Sie tröstet die Trauernden und bringt Menschen wieder zusammen, die sich aus den Augen verloren haben.

Auch ich glaube an die Kraft dieser Medaille, denn ich habe bereits viele Wunder in meinem Bekanntenkreis und auch bei mir erleben dürfen.

In der letzen Zeit sind in meinem Freundeskreis sehr viele unangenehme Dinge passiert. Zwei meiner liebsten Freunde waren unheilbar an Krebs erkrankt. Jeder wusste, dass ihnen noch ein sehr schlimmer Todeskampf bevor stand. Ich war mir sicher, die Mutter Gottes würde ihnen beistehen und habe an beide die Medaille der Gottesmutter verschickt, mit der Bitte, diese an das Krankenbett zu legen, damit sie keine Schmerzen mehr haben und in Frieden einschlafen können, Dieser Wunsch wurde jedes Mal erfüllt. Sie schliefen beide, ohne Schmerzen und ohne Todeskampf, in Frieden ein.

Dies könnte man nun Zufall nennen. Aber nun möchte ich Ihnen von einem ganz großen Wunder berichten. Meine Freundin rief mich an und sagte: „Ich wollte dir nur mitteilen, dass meine Mama im Sterben liegt. In den nächsten Stunden wird man die Geräte abstellen und die Ärzte sagen, das wird sie nicht überleben. Es kann sich nur noch um Stunden handeln." Sofort machte ich ihr einen Brief fertig. Der Inhalt war ein Foto aus meinem Buch mit dem Engel Gabriel und der Medaille der Gottesmutter. Ich bat meine Freundin in dem Brief, ihrer Mutter diese Medaille mit dem Bild des Engels, ans Bett zu legen, damit sie in Frieden sterben kann. Es bestand keinerlei Hoffnung für ihre Mama, die Situation für die 76-jährige Dame war nach Aussage der Ärzte hoffnungslos. Mehrere Tage hörte ich nichts mehr von ihr.

Ich wollte sie für ein paar Tage mit ihrer Trauer alleine lassen und dachte, bald werde ich sie anrufen, um sie zu trösten. Nach ein paar Tagen jedoch rief sie mich an und sagte: „Danke Marlene für den Brief, meiner Mutter geht es wieder gut. Ein Wunder ist geschehen, selbst die Ärzte können sich das Ganze nicht erklären." Und sie berichtete mir, wie sie die Medaille der Mutter Gottes erhielt, legte sie diese mit dem Bild des Engels an das Bett ihrer Mutter. Die Maschinen wurden abgeschaltet, aber auf einmal wachte ihre Mutter aus dem Koma auf und sagte: „Maria hat mir dreimal geholfen" und sie habe einen Anhänger von der Mutter Maria, auf dem sie ein so liebliches Gesicht habe. Aber der einzige Anhänger, den sie jemals hatte, war der, den ich ihr geschickt habe und den ihre Tochter auf das Nachtkästchen gelegt hatte, und den hatte sie bis dahin noch nicht gesehen. Komisch an der Sache war, dass ihre Mutter nie an die Gottesmutter geglaubt hatte. Die Ärzte sprachen alle von einem Wunder und kamen und machten Fotos, weil angeblich bei dieser Krankheit keine Überlebenschance bestanden hätte. Wir haben nicht vergessen, Mutter Maria für dieses Wunder zu danken. Seitdem versende ich mit jedem Buch, das ich verkaufe, auch eine Medaille der Gottesmutter. Ganz viele Menschen, die in Not, Trauer oder Bedrängnis sind, sollen die Gnade der Gottesmutter erfahren. Mein Glaube hat sich seither so intensiviert, dass ich aus diesem Grund ein neues Buch schreiben musste, weil ich der Meinung bin, viele Menschen müssen davon erfahren.

Meinem Lebensgefährten legte ich eine Medaille der Gottesmutter in seinen neuen Pkw. Als er am Abend nach Hause fahren wollte, sprang ihm bei hoher Geschwindigkeit ein Reh in sein Auto. Das Tier war sofort tot. Ihm ist zum Glück nichts passiert und sein Auto hatte noch nicht einmal einen Kratzer, man konnte nur die Haare des Tieres am Spoiler seines Wagens hängen sehen. Sofort sagte ich zu ihm, das war die Mutter Gottes die dich beschützt hat. Er aber meinte, das war mein gutes Auto. Menschen, die nicht glauben möchten, kann man nicht zum Glauben zwingen. Aber eines Tages werden auch sie erkennen müssen, das es eine höhere Macht zwischen Himmel und Erde gibt, nämlich die **Göttliche Macht.**

Nun möchte ich über Dinge berichten, die sich ereignet hatten, nachdem ich den Menschen eine Marienmedaille geschenkt habe. Sie riefen mich an, um mir zu sagen, dass sie ohne diese Medaille heute nicht mehr leben würden.

Meine Freundin hatte mich zu ihrem Geburtstag eingeladen. Zu diesem Anlass schenkte ich ihr mein neues Buch über die Engel mit einer Marienmedaille. Von diesem Tag an hatte sie diese immer an einer Goldkette um den Hals hängen. An einem schönen Sommertag machte sie mit ihrem Mann einen Ausflug mit dem Pkw und ein unachtsamer Autofahrer prallte mit ihnen zusammen. Was nun alle überraschte, der Wagen des Unfallverursachers war Schrott und an ihrem Auto befand sich keine Beule, keine Schramme, einfach nichts. Bei dem Unfall wurde niemand verletzt, aber keiner konnte sich erklären, warum ihr Fahrzeug nichts abbekommen hatte. Meine Freundin meinte, die Wucht des Aufpralls war so massiv, dass sie alle hätten tot sein können. Sie ist noch heute der Meinung, dass die Gottesmutter, deren Amulett sie trug, sie vor Schlimmerem bewahrt hatte.

Simone ist täglich als Lkw-Fahrerin mit ihrem Mann durch ganz Europa unterwegs. Ich sagte zu ihr: „Simone, ihr müsst unbedingt das Amulett der Gottesmutter in euer Fahrzeug hängen, denn ihr seid so viel auf der Autobahn und so vielen Gefahren ausgesetzt." Sie hängte es tatsächlich in ihren Lastwagen und sie wurden dadurch vor einem ganz schlimmen Unfall bewahrt. Kurz nachdem der Unfall passierte, schrieb sie mir eine SMS: Marlene, wir sind in einen schlimmen Unfall geraten. Es ist die Hölle, so etwas Furchtbares habe ich noch nie gesehen. Überall flogen Gegenstände an uns vorbei. Sie waren gerade auf der Autobahn in Spanien, als der Unfall passierte. Mindestens 10 Fahrzeuge waren involviert. Ein Motorradfahrer flog durch die Luft an ihnen vorbei, dann schoss ein Wohnmobil neben ihnen über die Leitplanke. Sie hörten nur noch Schreie, rochen das stinkende Benzin und überall war Blut. Sie standen mit ihrem Tiertransporter mitten in der Karambolage und waren tatsächlich die einzigen, die keine Schramme erlitten hatten. Im Gegenteil, Simone ist ausgebildete Krankenpflegerin und sie konnte dadurch noch vielen Menschen helfen, bis die Notärzte eintrafen. Ihr Mann hat den Lkw gefahren und er war nicht in der Lage zu erklären, wie er das Fahrzeug durch dieses Chaos manövrierte. Auch er ist davon überzeugt, dass ein Wunder geschehen war.

Die Freundin meiner Mutter rief uns an, um uns zu berichten, dass ihr Mann wieder im Krankenhaus sei. Ich glaube, er wird es nicht überleben, sagte sie, denn sein Körper ist so geschwächt. Er hatte zwei Jahre zuvor eine Bypasserneuerung. Kurze Zeit später eine Darmoperation, bei der eine Geschwulst entfernt werden musste. Nur ein paar Tage später bekam er einen Herzinfarkt, dann einen Schlaganfall. Nachts hörte ich seine Stimme, die zu mir sagte: „Marlene, das wird nichts mehr". Am nächsten Tag rief ich seine Frau Irmi, an und sie bestätigte mir, das für ihren Mann kaum noch Hoffnung bestünde, er würde sicher nicht mehr gesund werden. Sie war selbst total erschöpft, denn sie liebten sich noch immer wie am ersten Tag. Allerdings bestand ganz wenig Hoffnung, dass er überleben würde, falls doch, meinten die Ärzte, wird er für immer behindert sein und kein gutes Leben führen können. Sein Sprachzentrum war gestört und die Prognosen der Ärzte waren alle unbefriedigend. Irmi sagte mir, wie erschöpft sie selbst sei und welche Angst sie habe, dass es auch ihr bald schlecht gehen würde, denn sie habe keine Kraft mehr. Irmi ist bereits 76 Jahre alt und fühlte sich dem Ganzen nicht mehr gewachsen. Sie erzählte mir, wie dünn sie geworden sei und dass sie seelisch am Boden zerstört ist.

Ich fing an nachzudenken. Was und wer könnte in dieser Situation am besten helfen? Plötzlich wusste ich, was zu tun war. Ich schrieb ihr einen Brief, legte mehrere Medaillen der Mutter Gottes bei und berichtete ihr, dass durch diese Medaille bereits ganz vielen Menschen geholfen wurde. Sie war sehr glücklich darüber. Und jetzt, zwei Jahre später, geht es beiden wieder sehr gut. Ihr Mann kann sich wieder gut verständlich machen, er hilft bereits wo er kann und was ganz wichtig ist, er versteht wieder alles.

Meine Freundin, die in der Nachbarschaft wohnt, kam mich besuchen und erzählte mir von dem Leid ihrer Schwiegermutter. Diese war über achtzig Jahre alt, lag seit fünf Jahren ans Bett gefesselt in einem Seniorenheim und konnte nur noch mit Hilfe einer Magensonde ernährt und am Leben gehalten werden. Sie lebte nicht mehr wirklich, sie lag nur im Bett, ohne irgend jemanden zu erkennen oder wahrzunehmen. Es war furchtbar, auch für den Sohn, seine Mutter so leiden zu sehen, denn er liebte seine Mutter sehr. Sie erzählte mir von ihrem Leid und fragte: „Was können wir tun, um ihr zu helfen?" Ich sagte, „wenn ihr die Ärzte nicht helfen, dann kann ihr nur die Mutter Maria helfen." Ich holte mehrere geweihte

Medaillen aus meinem Schrank und sagte: „Bitte bete zur Mutter Gottes, dass sie deine Schwiegermutter zu sich holt und von ihrem schweren Leiden erlöst." Die Schwiegermutter war zwischen Himmel und Erde gefangen, sie gehörte weder zu den Lebenden noch zu den Toten. „Bitte rede mit der Mutter Gottes, als sei sie deine Mutter, sie wird deinen Kummer verstehen und euch helfen. Auch ich werde für deine Schwiegermutter beten und sei nicht erstaunt, wenn es ganz schnell geht, dass sie auf die andere Seite geholt wird." Zwei Tage nach diesem Gespräch erhielt ich einen Anruf. Es war meine Freundin, sie sagte zu mir: „Die Mutter Gottes hat meine Schwiegermutter zu sich genommen, jetzt geht es ihr wieder gut. Sie ist vor ein paar Stunden friedlich eingeschlafen."

Alles, was ich jetzt über die Medaille der Gottes Mutter geschrieben habe, hat sich Anfang 2005 ereignet und zwar innerhalb von 6 Monaten. Deshalb war es mir auch so wichtig, ein neues Buch zu schreiben. Ich bin der Meinung, die Menschen müssen davon Kenntnis erhalten. Man soll die Wunder, die einem selbst begegnen, mit anderen teilen. Ich kann Ihnen nur sagen, es hat mich sehr glücklich gemacht zu sehen, wie es anderen Menschen wieder gut ging. Selbst wenn sie in Frieden sterben durften, obwohl die Ärzte einen schlimmen Todeskampf voraussagten, war es ein Segen für den Betroffenen und für die ganze Familie, dass sie so friedlich von dieser Welt scheiden durften.

Ich bedanke mich von ganzem Herzen für die Wunder, die jeden Tag geschehen und an denen wir doch oft achtlos vorübergehen oder sie belächeln. Gott liebt uns, egal ob wir dick, dünn, hässlich, hübsch, arm, reich, oder behindert sind. Nur die Seele, bzw. die Herzen sollen rein sein, dann wird es leuchten bis in den Himmel.

Überall auf der ganzen Welt geschehen Wunder. Unsere Beschützer sind die Engel, die Mutter Maria, der himmlische Vater oder es sind Familienmitglieder oder Freunde auf der anderen Seite. Aber oft sind wir so verblendet, dass wir Menschen es nicht glauben wollen, sondern Wunder als einen Zufall abtun. Man sagt, na ja, ich bin halt ein guter Autofahrer, oder ich habe ein gutes Auto, da kann mir gar nichts passieren. Überall kann etwas passieren, wenn dies der Wille Gottes ist. Wir sind nur Menschen und nicht unfehlbar. So viele Heilige und Engel, geistige Führer und Familienangehörige stehen uns hilfreich zur Seite um uns durch das Chaos des Lebens zu manövrieren, ohne dass uns etwas passiert. Wir danken Gott viel zu wenig für den Schutz, den er uns und unserer Familie Tag für Tag zukommen lässt.

Die meisten Erscheinungen, die offiziell wurden, waren die der Jungfrau Maria. Sie kam immer wieder, um uns vor Gefahren zu warnen und gab uns den Rat, zu beten und uns zum Guten zu bekehren, damit Schlimmeres von der Welt abgewendet werden kann. Sie ist besorgt um uns, wie es in der Regel auch unsere Mütter sind. Sie wollen auch, dass ihren Kindern nichts passiert. Meistens ist die Mutter Maria Kindern erschienen. Das Aussehen und die Kleidung variierte bei der Beschreibung von Fall zu Fall. Aber die meisten Berichte stimmten überein, wie z. B. die Berichte von Wahrsagungen und Heilungen. Das Leben der Menschen hat sich nach ihrem Erscheinen anschließend zum Guten verändert. Es gibt Tausende Marienerscheinungen und die Zahl steigt stetig an.

In La Salette, einem kleinen Örtchen in Frankreich, ist am 19. September 1846 der 15-jährigen Melanie Calvat und dem elfjährigen Maximin Giraud die Mutter Gottes erschienen, als sie beim Kühe hüten waren. An einer abgelegenen Stelle sahen sie eine weinende Frau am Ufer eines ausgetrockneten Flusses sitzen. Als sie die Kinder sah, stand sie auf und sagte: „Warum kommt ihr denn nicht näher, meine Kinder? Habt keine Angst, ich bin gekommen, um euch große Neuigkeiten zu verkünden." Die Kinder berichteten, die Frau strahlte am ganzen Körper, viel heller als die Sonne. Sie trug eine lange, weiße Robe, diese war mit Münzen verziert, dazu einen weißen, gemusterten Schal und weiße, perlenbesetzte Schuhe. Von dem Kreuz, das sie auf der Brust trug, gingen ebenfalls helle Strahlen aus. Die Kinder gingen auf die leuchtende Frau zu und lauschten ihren Worten: „Es wird eine Seuche und eine Hungersnot geben. Die Wein- und Kartoffelernte wird verfaulen und ihr müsst Hunger leiden. Die Menschen bereiten uns viel Kummer und sie sündigen gegen Gott." Aber niemand wollte den Kindern über die Erscheinung der Gottes Mutter Glauben schenken und schon gar nicht, zu den Androhungen die über die Menschheit kommen sollten. Stattdessen wurden die Kinder eingeschüchtert und mussten sogar körperliche Züchtigungen in Kauf nehmen, weil man glaubte, sie würden Geschichten erfinden und verbreiten. Aber trotz allem blieben sie bei ihren Aussagen. Tatsächlich gab es eine Kartoffelmissernte, die eine Hungersnot in Frankreich und England auslöste und die Weinberge wurden von einer Reblaus befallen, die den Rebbestand vernichtete. Alles, was die Mutter Maria den Kindern übermittelt hatte, ist also eingetroffen.

Dem vierzehnjährigen Bauernmädchen Bernadette von Lourdes ist die Muttergottes 18 mal erschienen. Sie konnte zusehen, wie die Heilquelle dem Erdboden entsprang. Bernadette sah am Tag der Erscheinungen eine Frau in Weiß, die sie mit einem Kopfnicken begrüßte. Sie trug ein weißes Kleid, das bis zu ihren Füßen reichte. Nur die Schuhspitzen schauten hervor.

Ihr Kopf wurde von einem weißen Schleier bedeckt. An jedem Fuß sah sie eine gelbe Rose. Über dem Kleid hatte sie eine blaue Schärpe, die bis zu ihren Knien reichte. Ihr Rosenkranz war gelb mit großen Perlen. Die Mutter Maria war rundum von einem hellen Licht umgeben. Als Bernadette ihren Rosenkranz gebetet hatte, verneigte sie sich vor der Mutter Maria und diese zog sich dann wieder von Bernadette zurück. Erst bei der zweiten Erscheinung, am 25. März 1858, gab sich die Lichtgestalt, die Bernadette nochmals erschienen war, als die „Unbefleckte Empfängnis" aus. Diese Erscheinungen setzten sich noch bis zum 16. Juli 1858 fort, aber das erste Wunder bei der Grotte geschah bereits am 7. April 1858. Es geschehen sehr viele Wunder in Lourdes, die auch von den Zweiflern letztendlich geglaubt werden mussten, denn Ärzte wurden befragt und es gab keinerlei Erklärung dafür, warum Blinde wieder sehen und Menschen, die im Rollstuhl saßen, plötzlich ohne Grund wieder gehen konnten.

Die Jungfrau Maria erschien in Wales/Gwent in der Zeit vom 30. August bis 18. September 1880 in dem Klostergarten Llanthony/Abbey. Die Erscheinungen waren die außergewöhnlichsten, über die jemals berichtet wurde. Die Bruderschaft bestand aus sehr unterschiedlichen Mitgliedern. Ihr Gründer war ein sehr exzentrischer Herr, Joseph Leycester Lyne, bekannt als Pater Ignatius. Morgens sah Schwester Janet in der Kirche ein sehr außergewöhnliches Bildnis. Dann behaupteten auch noch einige Buben im Alter von 9 bis 15 Jahren, in der Abenddämmerung des 30. August 1880 die Mutter Maria gesehen zu haben. Ein Heiligenschein umstrahlte die Gestalt der Mutter Gottes, sie hatte einen Schleier über dem Kopf. Die Hände waren zum Segen erhoben und sie kam langsam näher auf sie zu. Ihr Aussehen war wie auf den Bildern der „Unbefleckte Empfängnis." Ihre wunderschöne Gestalt ging dann durch eine Hecke und verschwand. Am 4. September 1880 erschien beim Gesang des „Ave Maria" wieder ein Licht in dem gleichen Gebüsch, in dem die Gottes Mutter verschwunden war. Ihre Gestalt war von Licht umstrahlt, dann erschien ein Mann, der ebenfalls in Licht eingehüllt war. Als die beiden Lichtwesen aufeinander trafen, verschwanden sie wieder.

Am 15. September 1880 passierte wieder etwas Unglaubliches vor den Augen mehrerer Anwohner. Kaum hatten sie das „Ave Maria" angestimmt, breiteten sich am Himmel und über den Bergen große Lichtkreise aus. Es waren Kreise, aus denen wieder Kreise hervorgingen. Das Licht erhellte alles, Gesichter, Gebäude, alles was sich in der Nähe aufhielt. Aus dem mittleren Kreis erhob sich dann eine Gestalt, die in kostbare Gewänder eingehüllt war. Zuerst glaubte man, sie sei riesig, dann aber nahm sie eine menschliche Größe an. Sie stand wieder in der Nähe des Busches, in dem sie dann abermals verschwand. Die Vision hielt nicht sehr lange an. Anschließend berichtete man von Heilungen, die mit den Blättern des Busches passiert seien.

Im Jahre 1933 berichtete die elfjährige Mariette Beco aus einem Dorf bei Liége, die Heilige Jungfrau Maria von Januar bis März achtmal gesehen zu haben. Als das Mädchen sie fragte, wer sie sei, sagte diese, ich bin die Jungfrau der Armen und bin gekommen, um den Armen und Leidenden zu helfen.

Wenn man alle Marienerscheinungen hier aufführen würde, müsste ich das ganze Buch damit füllen. Von den Ereignissen in Fatima habe ich bereits in meinem anderen Buch berichtet und möchte deshalb nicht mehr darauf eingehen. Ich kann nur immer wieder betonen, dass mein Lieblingslied, das Ave Maria, auch das Lieblingslied der Gottesmutter sein muss. Wenn wir dieses

Lied singen oder anhören, ist uns die heilige Mutter sehr nah.

Ich werde die geschenkte Rose und das Herz immer in meinem Herzen bewahren. Es war für mich ein wunderbares Geschenk aus der geistigen Welt, das man niemals mit Geld aufwiegen könnte. In meinem letzten Buch habe ich von der geschenkten Rose berichtet.

Zwei Seelen in einer Brust

„Zwei Seelen in einer Brust": Diese Aussage habe ich oft gehört, mir aber nichts besonderes dabei gedacht. Dieser Spruch ist bereits sehr alt und ich habe es mit der Tatsache zusammen gebracht, es handelt sich dabei um Menschen, die nicht wissen, was sie wollen oder gar um Menschen mit einer gespaltenen Persönlichkeit. Die Mediziner nennen es auch Schizophrenie. Sehr viele Menschen sind aus diesem Grund in der Psychiatrie. Aber mittlerweile zweifle ich daran, dass diese Menschen da wirklich hingehören. Und der Grund, warum ich anfing, mir Gedanken darüber zu machen und Bücher zu lesen, war das Schicksal einer guten Freundin, über deren Erlebnisse ich Ihnen heute berichten möchte.

Sylvia war bereits fünfzehn Jahre verheiratet, als ihr Mann anfing, sich ohne ersichtlichen Grund zu verändern. Natürlich vermutete sie eine andere Frau in seinem Leben. Er schaute sie kaum noch an, redete nicht mehr mit ihr und wenn er etwas zu sagen hatte, dann nur in einem bösen Ton. Sie hörte kein nettes Wort mehr von ihm. Alle rieten ihr zu einer Scheidung. Sie aber glaubte immer daran, dass er sich wieder ändern würde. Aber im Gegenteil. Es waren mittlerweile fünf Jahre vergangen und Sylvia konnte nur feststellen, dass es immer schlimmer wurde. Kein Lächeln, kein gutes Wort nichts Positives war an ihrem Mann mehr zu erkennen. Er kam ihr vor wie ein Mensch ohne Leben, ohne Licht, ohne Freude, ohne Liebe und sie spielte tatsächlich mit dem Gedanken, sich bald scheiden zu lassen. Trotz allem ging er regelmäßig seiner Arbeit nach. Sie vertraute mir ihr Geheimnis an und ich fing an, mir Gedanken zu machen. Zuerst ging ich davon aus, dass er sich in einer schweren Depression befand, aus der er alleine nicht heraus kam. Als wir uns dann aber weiter über ihn Gedanken machten, wollte ich wissen, seit wann diese Veränderung bei ihm angefangen hatte. Sylvia wusste es ganz genau. Diese Veränderung begann kurz nach dem Tod seines Vaters. Sie berichtete, dass er seitdem auch viel mehr dem Alkohol zugetan war, als zuvor. Sein Vater starb sehr jung und war Alkoholiker. Plötzlich überkam mich das Gefühl, dass die Seele des verstorbenen Vaters bei ihrem Mann eingekehrt sein könnte. Alle Anzeichen sprachen dafür.

Ihr Mann hatte eine sehr schlimme Kindheit, der Vater hat seine Kinder und seine Frau ständig geschlagen, weil der Alkohol eine sehr große Rolle in seinem Leben spielte. Sicher hatte er nach seinem Tod Schuldgefühle und wollte nicht ins Licht, aus Angst vor Gottes Strafe. Aber bevor ich über dieses Thema mit ihr reden wollte, musste ich mich zuerst weiter informieren.

Durch Zufall kam ich zu dem Buch: „Heimkehren ins Licht" von Rhea Powers und dieses Buch bestätigte meine Befürchtung. Es gibt tatsächlich Seelen, die sich nach ihrem Tod einen Menschen suchen, in dessen Körper sie leben können. Aus Angst wollen sie auf der Erde bleiben. Menschen, die sich diese Seele als Wirt ausgesucht hat, können nicht verstehen, warum sie auf einmal ängstlich, aggressiv, trotzig, böse, feige oder unausstehlich geworden sind. In ihnen geht etwas vor, was sie selbst nicht erklären können. Die verlorenen Wesen sind nicht böse und man soll sie auch nicht als böse ansehen, das würde ihr Leid nur noch verstärken. Es sind verängstigte Seelen, die den Weg zum Licht nicht wagen aus Angst vor Strafe. Oftmals wissen sie noch nicht einmal, dass sie überhaupt tot sind. Sie verstehen den Zusammenhang des Sterbens nicht. Sie klammern sich an den Körper eines nächsten Angehörigen oder Freundes, der ihnen immer sehr lieb war. Diese Seelen haben keine Macht mehr in dieser Welt, sie können nur den Wirt beeinflussen. Ihre Energien sind in einem astralen Bereich gefangen den sie als ihre Realität wahrnehmen. Unsere Aufgabe ist es, diese Seelen ins Licht zu bringen. Wir können mit ihnen reden und ihnen erklären, warum sie ins Licht gehen sollen. Sie sind unserer Realität näher als der Göttlichen, da sie erdgebundene Seelen sind. Sie hängen an der physischen Form und wehren sich gegen ein nicht physisches Dasein. Wir bitten Gott im Gebet, dass seine Engel, die verirrte Seele ins Licht zu Gott führen. Der verlorenen Seele erklären wir, warum sie ins Licht muss. Dass Gott gütig ist und sie keine Strafe zu befürchten hätte. Das sie beim Verlassen des Wirtes etwas Gutes tut, denn es ist sein Körper und auch er hat ein Recht auf ein Eigenleben. Solange die verirrte Seele ihn bewohnt, kann er keine eigenen Entscheidungen mehr treffen, er ist zweigeteilt, wie die Mediziner sagen, er hat eine gespaltene Persönlichkeit. Diese Menschen leiden, weil man ihnen nachsagt, sie seien geisteskrank. Verlässt die fremde Energie den Körper des Wirtes, ist dies für den Bereffenden ein schweres Unterfangen und er braucht die Hilfe eines Freundes oder der Familie. Er kann sich den Verlust der zusätzlichen Energie anfangs nicht erklären. Es ging etwas verloren, was über Jahre hinweg immer da war. Daraufhin kann eine Phase der

Trauer erfolgen, die einige Wochen oder auch Monate anhalten kann.

In dem Buch wird erklärt, wie eine fremde Energie im Körper eines anderen feststellbar ist. Es sind ganz genau die gleichen Symptome und Anzeichen, von denen mir Sylvia auch berichtet hatte. Ihre Freunde und Verwandten fühlten sich unwohl in der Gegenwart ihres Mannes. Dieser allerdings nahm nach dem Tod seines Vaters vermehrt Kontakt zu seiner Mutter auf. Er lädt sie ständig ein, fährt mit der Mutter in Urlaub, fühlt sich bei ihr wohler als bei seiner Familie und ist sehr, sehr nett zu seiner Mutter. Dies ist sicherlich eine positive Reaktion, denn ein Sohn soll nett zu seiner Mutter sein. Aber diese Eigenschaften besaß er vorher nicht. Und es kam mir nach diesem Bericht in den Sinn, dass die Seele des Vaters der Mutter gegenüber ein schlechtes Gewissen haben könnte und der Sohn dies in seinem Namen ausgleicht. Sylvia musste feststellen, wie ihr Mann nach dem Tod seines Vaters vermehrt dessen negative Eigenschaften angenommen hat. Selbst die Eigenschaften, die der Sohn bei seinem Vater früher nicht ausstehen konnte. Das ständige Genörgel, die Rechthaberei, der Egoismus und der vermehrte Alkoholkonsum waren auf einmal auch bei ihm im Charakter eingeprägt und im Überfluss vorhanden. Um es genau auszudrücken, er war unausstehlich geworden. Nur die Erinnerung an die schönen Jahre, die sie früher einmal miteinander verbracht hatten, ließ sie vor einer Trennung zurückschrecken.

Grundlegende körperliche Anzeichen, die auf eine fremde Seele im Körper hinweisen können sind, dass diese Menschen ganz schwer Blickkontakt standhalten können. Man hat das Gefühl sie sind ganz durcheinander und zerstreut. Sie antworten auf Fragen gar nicht oder anders, als es die Frage erfordert. Man hat das Gefühl, dass sie trotz ihrer Anwesenheit nicht anwesend sind. Ihre Persönlichkeit ist einem ständigen Wechsel unterworfen. War man der Meinung, jetzt geht es wieder bergauf, hat sich oft von einer Sekunde zur anderen die Einstellung wieder geändert. Der Betreffende sieht immer müde aus und hat dunkle Ringe unter den Augen. Sein Gesichtsausdruck und die Augen wirken wie tot. Sie sind nicht mehr gesammelt und in unserer Mitte. Man glaubt, ein Schleier liege über ihrer Persönlichkeit, sie sind für uns unerreichbar. Sie machen einen nervösen und angespannten Eindruck. Sie meiden es, mit anderen Menschen in Kontakt zu kommen. Die fremde Seele meidet Intimität mit anderen Menschen, sie hält alles auf Distanz. Tatsächlich will aber das Wesen seinen Wirt isolieren aus Angst vor Entdeckung.

Nachdem ich mich ausführlich informiert hatte, gab ich Sylvia den Rat, für ihn zu beten und Gott um Hilfe anzurufen. Sie sollte auch mit der verirrten Seele reden. Seitdem geht ihr Mann ihr noch mehr aus dem Weg. Er weiß nicht genau, was passiert ist, aber das Wesen in ihm erkennt die Gefahr und versucht sie auseinander zu bringen, denn die Seele weiß nun, dass es jemanden gibt, der erkannt hat, was das Eheproblem und die Veränderung hervorgerufen hat. Es ist die kranke, ängstliche Seele des Vaters, der Angst hat, ins Licht zu gehen. Auch ich werde für ihn beten, die Kraft zu finden, zu Gott zurückzukehren, so wie es für uns alle vorgesehen ist. Auch unser Schöpfer hat, als er auf der Erde war, Seelen ausgetrieben, die den Weg ins Licht nicht finden konnten. Es ist kein Phänomen unserer Zeit, sondern es besteht bereits so lange die Welt besteht. Nur wird es von vielen Menschen nicht angenommen oder verstanden. Patienten in der Psychiatrie sind arme Wesen, denn viele von ihnen sind gar nicht krank, sondern sie werden von einer Seele besetzt, weil diese den Weg ins Licht nicht findet.

Erfahrungen mit erdgebundenen, verzweifelten Seelen

Als ich mit Gabi über das Thema zwei Seelen in einer Brust sprach, sagte diese zu mir: „Ich wüsste ein sehr gutes Buch für dich, das würde dir die Antwort auf alle deine Fragen geben." Natürlich wollte ich sofort den Titel des Buches erfahren, aber als sie sagte, das Buch heißt: „Dreißig Jahre unter den Toten", hatte ich zuerst kein Interesse, es zu lesen, denn schon der Titel hat mich abgestoßen. Die Verstorbenen sind ja nicht tot, sondern sie leben in einem für uns unsichtbaren Körper weiter. Das Denken, die Anlagen, gute wie böse, sind bei den Verstorbenen noch immer vorhanden. Aber sie überzeugte mich, dieses Buch doch zu kaufen und zu lesen. Und ich kann im Nachhinein sagen, dass ich es nicht bereut habe. Das Buch hat mir sehr viele Antworten auf meine noch offenen Fragen gegeben. Eigentlich sind die Seelen doch tot, obwohl sie leben, denn sie sind in dem Körper eines anderen Menschen gefangen und nun verstand ich auf einmal den Sinn des Buchtitels.

Das Buch wurde von dem amerikanischen Arzt Dr. Carl Wickland geschrieben. Er war Arzt und Leiter des „Nationalen Psychologischen Instituts" in Kalifornien. Er vertrat die Meinung, dass die so genannten „Geisteskranken" nicht krank sind, sondern nur von Geistern besessen seien. Der Durchbruch gelang ihm mit seiner Frau, die medial veranlagt war. Es mag einigen von uns unglaublich erscheinen, aber es ist tatsächlich möglich, dass die Kranken in der Psychiatrie von einem Geist besessen sein können. Auch mir kam beim Lesen manchmal der Gedanke, kann das wirklich möglich sein, was ich da lese? Aber ich hatte ja bereits vorher die Intuition, dass es so etwas geben kann oder geben muss, ohne dass ich jemals mit jemanden darüber gesprochen oder darüber gelesen hatte. Sicher soll auch darüber geschrieben werden, denn sonst hätte ich dieses Thema nicht in meinem Buch. Die Jenseitigen sagen uns: „Man muss diesen verirrten Seelen helfen." Es war von mir nicht geplant, darüber zu schreiben.

Alles, was die bereits seit langem Verstorbenen durch Dr. Wicklands Frau, die ein Medium war äußerten, wurde nachgeprüft und entsprach den Tatsachen. Die Namen der Verstorbenen waren richtig und auch der Wohnort und das Umfeld, wie deren Arbeit, die sie verrichtet hatten, oder das Sterbejahr, so dass alle Zweifel ausgeschlossen werden konnten. Diese Seelen, die sich einen Wirt suchten, konnten meistens genau sagen, wer der Präsident der Vereinigten Staaten war, als sie starben. Aber eines wussten sie nicht, sie wussten nicht, dass sie tot waren. Sie nahmen tatsächlich an, sie wären noch am Leben und Dr. Wickland hatte große Mühe, den Seelen verständlich zu machen, ins Licht zu gehen. Sie hatten nie an ein Leben nach dem Tod geglaubt, sie waren genauso unwissend wie mindestens achtzig Prozent unserer Weltbevölkerung. Sie wollten auch nicht mit denen ins Licht gehen, die gekommen waren, um sie abzuholen. Den so genannten „Geisteskranken in den psychiatrischen Kliniken" konnte nun von Dr. Wickland, mit seiner Frau und natürlich auch mit Hilfe der Jenseitigen geholfen werden. Die Kranken wurden wieder geheilt und die verirrten Seelen fanden den Weg ins Licht. Sie hören tatsächlich mehr auf die Lebenden als auf die bereits Verstorbenen. Wenn Dr. Wickland sie fragte, kannst du neben dir jemanden erkennen, mit dem du mitgehen kannst? dann sagten die meisten ja, aber die sind ja tot, da will ich nicht hin. Es kamen zum Beispiel der Vater, die Mutter oder das Kind, um die Seele mitzunehmen. Zum Teil waren Fälle in der Psychiatrie, denen kein Arzt mehr helfen konnte und die wieder ganz gesund wurden. In ihrem Körper haben sich manchmal sogar mehrere Seelen einen Platz zum irdischen Weiterleben gesucht. Der Betroffene war hin- und hergerissen und verstand gar nicht richtig, was mit ihm los war. Sie hatten auf einmal Gelüste auf Lebensmittel, die sie vorher nicht mochten. Oder sie fingen an zu stehlen, obwohl sie vorher sehr ehrliche Menschen waren. Sie wurden frech, obwohl sie vorher freundliche Menschen waren. Je nach dem Naturell der Seele, die sich bei ihm eingenistet hatte.

Ich möchte Ihnen mit einfachen Worten den Schmerz eines Verstorbenen, der viele Jahre der Gefangene in einem anderen Menschen war, aufschreiben.

Es ist der Bericht eines Verstorbenen, den Dr. Wickland mit seinen Helfern ins Licht geschickt hatte:
Seit ich nun auf der anderen Seite bin, möchte ich am liebsten täglich auf die Erde zurückgehen und alle Mütter warnen, weil ich feststellen musste, dass sie ihre Kinder verkehrt erziehen. Sie sagen zwar immer, sie lieben ihre Kinder, aber sie machen alles falsch. Sie vergöttern sie und dies bringt sie auf die schiefe Bahn, denn es gibt **kein nein** mehr. Die Kinder erkennen nicht mehr ihre Grenzen, aber Kinder müssen Ordnung lernen, das ist ganz wichtig! Seid nicht zu nachlässig der Liebe wegen, denn das ist keine Liebe. Eure Tiere richtet ihr ab, eure Pflanzen im Garten beschneidet ihr, nur die Kinder kennen ihre Grenzen nicht. Meiner Mutter möchte ich im Nachhinein keinen Vorwurf machen, aber wenn sie mich nicht so vergöttert hätte, sondern mit etwas Strenge erzogen und mich auch für böse Taten bestraft hätte,

dann wäre ich ein besserer Mensch geworden und hätte auf dieser Erde nicht so viel Unrecht getan. Man hätte mich nicht hängen müssen (er war ein zum Tode Verurteilter, der gehängt wurde), sondern ich hätte meinen Nächsten lieben müssen wie mich selbst, aber das habe ich nie gelernt. Man ist auf der Welt, um für andere zu leben und um zu helfen, das ist unsere Aufgabe. Immer nur lebte ich sinnlos in den Tag, aber niemand hat mich eines Besseren belehrt. Ich habe viele schöne Tage in meinem Leben verbracht und Frauen waren ebenfalls sehr wichtig für mich. Ich gab mehr Geld aus, als man eigentlich verdienen kann. Mein Vater hat es mir immer wieder gegeben, aber ich habe nie etwas dafür tun müssen. Man hätte mir kein Geld geben, sondern mich zur Arbeit schicken müssen. Mein größtes Unglück war, dass meine Eltern sehr reich waren. Dann fing ich vor lauter Langeweile an, mein ganzes Geld zu verspielen. Später lernte ich eine Frau kennen, die ich sehr liebte, aber als meine Spielschulden zu hoch wurden, forderte ich sie auf, sich versichern zu lassen und mich als Begünstigten bei der Versicherung einsetzen zu lassen. Sie tat es, denn sie liebte mich. Dann reifte ein sehr böser Plan in mir. Ich hatte vor, meine Geliebte ermorden zu lassen und wollte die Versicherungssumme kassieren. Mein Plan war sehr geschickt eingefädelt. Ich besorgte einen Auftragskiller und ging am Mordtag mit einer anderen Frau in ein Konzert. Es war mir wichtig, dass man mir nichts nachweisen konnte und nun hatte ich ja ein Alibi. Als ich nach dem Tod meiner Freundin befragt wurde, fiel tatsächlich kein Verdacht auf mich. Aber dann konnte ich es nicht mehr erwarten, an das Geld zu kommen und meldete gleich am nächsten Tag nach der Befragung durch die Polizei, meine Ansprüche bei der Versicherung an. Dadurch geriet ich natürlich in den Verdacht, an der Tat beteiligt gewesen zu sein aber zu dem Zeitpunkt war ich so gierig und dachte nur an das

Geld. Nach weiteren Untersuchungen wurde ich festgenommen. Selbst dann war meine Mutter vor lauter Mutterliebe zu mir so geblendet, dass sie meinem Bruder die Schuld gab, um mich zu schützen, obwohl er glücklich verheiratet war und zwei Kinder hatte. Meine Eltern taten alles, um meinen Kopf zu retten und investierten einen großen Teil ihres Vermögens. Die Verhandlungen dauerten sehr lange, denn man war sich nicht sicher, wer nun der Schuldige war, mein Bruder oder ich. Während meiner Zeit im Gefängnis bekam ich etwas zu lesen, was mich sehr beeindruckte. Es waren alles Themen aus der geistigen Welt und es fing an mich zu interessieren, denn wenn ich Pech hatte, würden sie mich bald hängen. Und ich hatte Pech, denn es wurde beschlossen, dass ich in wenigen Tagen am Strang sterben müsse. Können Sie sich vorstellen, was es für ein Gefühl ist, wenn man weiß an diesem bestimmten Tag wirst du dein Leben für immer aushauchen? Doch diese Schriften gaben mir wieder Mut. Es stand etwas darin vom ewigen Leben und der unsterblichen Seele. Dies verlieh mir in meinen letzten Stunden sehr viel Mut. Ich war sogar gespannt darauf, wie es im Jenseits sein würde. Demjenigen, der mir diese Schriften in die Todeszelle schickte, dem hatte ich wirklich sehr viel zu verdanken, denn er machte mir meine letzten Stunden sehr viel erträglicher, auf einmal hatte ich wieder einen kleinen Lichtblick. Als ich dann meinen Körper verließ, da spürte ich auf einmal, ich bin ja gar nicht tot. Da wartete auch schon meine Mutter, sie ist vor lauter Kummer vor mir gestorben. Ich ging auf sie zu und sprach mit ihr. Ich wollte nicht mit ihr ins Licht, obwohl sie mich immer darum bat, mit ihr zu kommen. Ich fühlte mich noch immer zu meinem Körper hingezogen und besuchte ihn mehrmals, nur um ihn anzuschauen. An meiner Beerdigung war ich auch da, ich konnte zusehen, wie mein Körper eingeäschert wurde. Danach bin ich umhergewandert, von einem Ort zum anderen, und noch immer zog es mich zu hübschen, jungen Frauen hin. Noch immer konnte ich meine Gewohnheiten nicht loslassen. Irgendwie war mir schon klar, dass ich gestorben war, aber auf der anderen Seite wollte ich davon nichts wissen.

Dann wollte ich eine Reise mit der Eisenbahn machen, ging zum Schalter, um eine Karte zu lösen, aber der Beamte beachtete mich gar nicht. Er behandelte mich, als wenn ich nicht da wäre. Wenn das so ist, dachte ich, dann fahre ich halt ohne Fahrkarte, denn ich hatte ja so und so kein Geld. Ich setzte mich auf einen freien Platz und plötzlich kam ein sehr dicker Mann und setzte sich direkt auf mich. Das machte mich richtig wütend, aber damals wusste ich nicht, dass es mir möglich war, mich mit der Macht der Gedanken fortzubewegen, ich dachte, ich könnte nur gehen oder mich mit Verkehrsmitteln fortbewegen. Ein paar Tage später lernte ich eine sehr hübsche, attraktive Frau kennen. Sie konnte mich natürlich nicht sehen, aber ich nahm ihre wunderschöne, helle, leuchtende Aura wahr. Wie magnetisch bin ich in ihre Aura gelangt und kam nicht mehr heraus. Sie war nicht sehr unternehmungslustig, lag für meine Begriffe viel zu viel im Bett und ich konnte nichts anderes tun als dann auch im Bett zu liegen. Doch irgendwann ist es mir wieder gelungen, mich von ihr zu befreien oder besser gesagt, es war ein Segen, dass sie mich los war. Dr. Wickland hat ihr und mir dabei geholfen und ich bedanke mich dafür, er hat mir viel Verständnis und Zuspruch gegeben, er hat mir die geistige Welt erklärt. Nun habe ich ein hübsches kleines Heim in der geistigen Welt und habe sehr viel zu tun. Ich gebe allen hilfreich die Hand, die meine Hilfe benötigen. Aber ich bitte euch Seelen auf der Erde um eines, **nehmt keine Drogen**, verfallt **nicht dem Alkohol**, denn ihr bleibt derselbe Mensch, bzw. die gleiche Seele mit demselben Geist, auch wenn ihr der Meinung seid, ihr werdet beerdigt und ihr seid tot. Ihr werdet immer weiterleben und auch eure Süchte werden euch bis ins Jenseits begleiten. Wegen dieser Sucht werdet ihr versuchen, erdgebundene Geister zu werden, um an eure Drogen zu kommen. Fürchtet nicht Gott, sondern fürchtet euch selbst. Unser Gott ist gütig! Deshalb bitte ich euch, mit all meiner Liebe, hört auf, euch von Drogen abhängig zu machen. Ihr habt es nicht nötig, auch wenn das Leben noch so schlimm und ausweglos erscheinen mag. Auf unserer Seite erwartet euch etwas Wunderbares, sofern ihr gute Menschen wart. Gott bewertet euer Tun auf Erden nicht, wie oft ihr in die Kirche gegangen seid, wie viel Geld ihr den Kirchen gespendet habt. Ihr müsst gar keine großen Taten vollbringen, sondern nur die Liebe weitergeben. Liebt eure Eltern, Kinder, Freunde, Tiere, die Natur, die ganze Welt. Strahlt Freude und Liebe aus und teilt, wenn euer Bruder oder eure Schwester in Not sind. Das sind Werke, die bei Gott mehr zählen als alles andere. Seid bitte nicht selbstsüchtig und egoistisch und vergesst die Liebe nicht! Gott liebt euch!

Was wir säen, werden wir ernten

Meine Mutter sagt oft zu mir: „Kind, wie kannst du dir immer so viele Frechheiten gefallen lassen? Setz endlich deine Ellenbogen ein und wehre dich, dann lassen die Leute dich auch in Ruhe. Bei dir merken sie immer gleich, dass sie es mit dir machen können." Dann antwortete ich immer: „Aber Mama, das ist doch nicht meine Bestimmung auf der Welt! Ich bin nicht auf der Welt, um mit anderen zu streiten, sondern ich bin hier, um anderen zu helfen und andere glücklich zu machen." „Du hast nichts verstanden", sagt sie dann, „denn das Leben ist viel zu kurz, als dass man sich so quälen lassen kann wie du es zulässt." Ich erkläre ihr dann jedes Mal, dass unser Leben im Diesseits sehr kurz ist, da hätte sie Recht, aber unser Leben im Jenseits ist sehr lang. Darauf sollen wir alle hinarbeiten, auf ein gutes Leben im Jenseits, denn wir sterben nie, auch wenn unser physischer, plumper, schwerer Körper sozusagen seinen Geist aufgibt, werden wir auf der Ebene des Lichts und der Liebe weiterleben. Da zählen nur Taten. Da werden wir alle die Menschen wiedertreffen, die wir lieben. Die uns schlecht behandelt haben, werden sicherlich auf einer anderen Ebene zu finden sein. Da möchte ich einfach nicht hin. Und die Guten und unsere Freunde freuen sich schon auf uns. Unser Engel wird uns abholen und uns wieder nach Hause bringen, auf die Ebene die wir uns erarbeitet haben. Erarbeitet auf der Welt, die wir so kurz bewohnt haben. Wir dürfen keine Angst vor dem Tod haben, denn wir gehen wieder an diesen Ort zurück wo wir hingehören. War ich ein guter Mensch, komme ich auf eine höhere Ebene, nämlich auf die Ebene, die ich mir verdient habe. Alles was wir auf der Erde Gutes tun, kommt wieder auf uns zurück, Ursache und Wirkung. Es genügt nicht, täglich in die Kirche zu gehen und dann ein schlechter Mensch zu sein. Man kann sich auch bei Gott durch Gebete nicht freikaufen. Tun sie Gutes! Bringen Sie einen traurigen Menschen zum Lächeln! Schenken Sie einem verzweifelten Menschen ein gutes Wort, es kostet nichts. Bringen Sie einem verlassenen, einsamen Menschen Verständnis entgegen. Geben Sie ihren Kindern und ihrem Partner Liebe. Geben Sie einem Hungernden etwas zu essen, einem Frierenden etwas zum Anziehen. Sie und ich, wir alle haben eine Funktion auf dieser Welt. Jede Seele, die in diese dunkle Welt kommt, hat die Pflicht, die Erde etwas heller zu machen. Löschen Sie böse Gedanken aus und lassen Sie positive Gedanken in ihrem Herzen wachsen. Geben Sie durch ihre guten, positiven Gedanken und die Liebe im Herzen Licht und Helligkeit weiter und denken Sie immer an den einen Satz: „Was wir säen, das werden wir ernten." Oft beobachte ich, wie gehetzt und nachdenklich die Menschen durch diese Welt hasten. Kein Lächeln auf dem Gesicht, keine Zeit, für sich nicht und für niemanden. Machen Sie doch einmal den Versuch und lächeln Sie einen Menschen an. Er wird zwar überrascht sein, aber es kommt ganz sicher ein Lächeln zurück. Das bedeutet Ursache und Wirkung. Du gibst etwas und es wird dir etwas gegeben. Ein Lächeln kostet nichts, aber es kann einen Menschen, der gerade Probleme im Leben hat, so glücklich machen. Wenn wir auch nicht alle den gleichen Familiennamen haben, so kommen wir doch aus einer einzigen großen Familie. Wir stammen alle von dem gleichen Gott ab, auch wenn jede Religion, diesem unserem einzigen Gott, einen anderen Namen gibt. Wir sind alle Kinder Gottes, ganz gleich, welcher Glaubensgemeinschaft wir angehören. Gott liebt uns, er ist immer für uns da, wir müssen ihn nur rufen. Er hört uns und schickt uns seine Helfer. Es kann ein Engel sein, ein Freund, ein Partner, die Eltern oder die Geschwister. Aber niemand wird auf dieser oftmals so herzlosen Welt vergessen. Unser gütiger Vater holt uns eines Tages, wenn wir alle unsere Aufgaben erfüllt haben, zu sich nach Hause.

Wir kommen dann auf die Ebene des Lichts und des „Ewigen Lebens!" Gott ist mit denen, die gebrochenen Herzens sind.

Geschenke aus dem Jenseits

Es ist mir wichtig Ihnen zu berichten was mir in den letzten Monaten Schönes passiert ist. Es war ein Tag, an dem ich mich gar nicht wohlfühlte. Ich kam von der Arbeit nach Hause und legte mich sofort ins Bett. Den Rollladen habe ich heruntergelassen und die Terrassentüre verschlossen. Als mein Lebensgefährte nach Hause kam, öffnete er diesen, und riss die Schlafzimmertüre auf. Ich war irgendwie wütend, denn ich wollte doch schlafen und wenn es so hell im Raum ist, gelingt mir das nicht. Im Herzen hegte ich einen Groll gegen ihn, denn nachdem er alles aufgerissen hatte, ging er hinaus. Als ich so darüber nachdachte, dass ich so etwas nie tun würde, ohne den anderen zu fragen, hörte ich plötzlich ein Gezwitscher an der Terrassentüre. Plötzlich sprang ein kleiner Spatz genau vor mich ans Bett, schaute mich an und sang mir sein schönstes Lied. Er war nicht aus dem Raum herauszubekommen und hatte keine Angst vor mir. Ganz fasziniert schaute ich ihn an und war so glücklich über diesen Moment, denn ich wusste das es ein kleiner Trost aus dem Jenseits war. Noch nie habe ich erfahren, dass ein kleiner Piepmatz sich Einlass in eine Wohnung verschafft, sich vor jemanden hinstellt und dieser Person ein langes ausführliches Konzert trillert. Für mich war es ein Geschenk aus der geistigen Welt, die mich trösten wollte. Der kleine Spatz musste zuerst, um ins Haus zu gelangen, ein Hindernis von 5 cm Höhe überwinden, dann unter einem Vorhang durch. Später hatte ich Angst, er würde den Weg nach draußen nicht mehr finden und im Schlafzimmer herumflattern. Aber nichts dergleichen geschah. Er drehte sich um, als er mit dem Konzert fertig war, hüpfte wieder unter dem Vorhang durch und sprang nach draußen.

Jedes Jahr an meinem Geburtstag erhalte ich Zeichen aus der geistigen Welt. Allerdings war ich dieses Mal nicht zu Hause und habe deshalb mit so etwas nicht gerechnet. Mein Lebensgefährte schenkte mir zum Geburtstag eine Fahrt auf dem Bodensee. Wie ich so da saß und an alle lieben Verstorbenen dachte, ging mir auch der Gedanke durch den Kopf, dass mir hier auf dem Bodenseedampfer ganz bestimmt kein Geschenk aus der geistigen Welt zuteil werden kann. Plötzlich kam eine Feder auf mich zugeflogen, diese fiel mir genau vor die Füße. Ich dachte, dass muss ein Zufall sein, das bei diesen vielen hundert Leuten mir eine Feder genau vor die Füße fällt. Ich sprach mit meinem verstorbenen Vater und sagte: „Papa, wenn diese Feder wirklich von euch ist, dann glaube ich es nur, wenn mir jetzt eine Feder ganz genau in der Hand landet. Ich schaute in den Himmel, nirgends war auch nur ein Vogel zu sehen, der in diesem Moment eine Feder hätte verlieren können. Plötzlich, wie aus dem Nichts, flog eine Feder direkt auf mich zu, ich konnte diese mit den Händen auffangen, genau wie ich darum gebeten hatte. Mein Lebensgefährte sagte noch, wirf das Dreckding sofort weg, wie kannst du das in die Hand nehmen, da können Bazillen dran sein. Ich sagte zu ihm, das kannst du nicht verstehen und packte die Feder in meinem Taschentuch ein. Ich trage diese Feder noch heute in meiner Handtasche, denn für mich steht fest, es war ein Geburtstagsgeschenk aus der geistigen Welt. Obwohl ich gezweifelt habe, bei so vielen Menschen auf dem Schiff ein Zeichen zum Geburtstag zu erhalten, ist es der geistigen Welt wieder einmal gelungen, sich bei mir bemerkbar zu machen um mich Zweifler abermals eines Besseren zu belehren.

Die Rosensaison hat wieder einmal begonnen und ich habe der Mutter Gottes versprochen, ihr wie jedes Jahr, sobald die Rosen im Garten blühen, eine Rose in die Vase vor ihre Statue zu stellen. Ich habe mich so über die erste Rose gefreut und mit der Statue der Gottesmutter gesprochen. Ich erzählte ihr, wie glücklich ich bin, dass die Rosen wieder blühen und ich ihr ab sofort wieder Rosen bringen kann. Ich verglich sie mit einer der schönsten Rose und schnitt die schönste Rose, die ich finden konnte, ab und stellte diese an den Mutter-Gottes -Altar.

Als ich dann am Abend auf der Couch lag um fernzusehen schwebte ein dunkelrotes Herz mit einem goldenen Rand in meinem Wohnzimmer herum. Ganz spontan und furchtlos kam mir der Gedanke, das muss das gute Herz von unserer Mutter Maria sein. Ich war sehr glücklich über das Dankeschön aus der geistigen Welt und bedankte mich bei ihr.

Es war eine sehr stressige Woche für mich und dann hatte ich noch Probleme mit jemandem am Arbeitsplatz. Als ich in meinem Büro beim Arbeiten war, dachte ich so für mich, wie schwer es doch ist, mit manchen Menschen in Frieden zu leben, wenn diese es nicht zulassen. Man kann ganz einfach machen was man will, wenn sie es nicht zulassen, hat man keine Chance. Auch wenn man gar nichts tut, fangen sie auf einmal an, Intrigen zu spinnen. Ich sprach mit meinem verstorbenen Vater, machte dann am Computer wieder das Bild vom Engel Gabriel auf und redete mit ihm. Ich schüttete ihm mein Herz aus. Ganz plötzlich fühlte ich mich wieder wunderbar. Eine innere Ruhe und Frieden kam über mich. Es war, als würde ich eine Stimme sagen hören, Marlene, mach dir nichts daraus, du weißt doch wie die Menschen sind und manche müssen noch ganz viel lernen. Dann dankte ich meinem Engel, dass er mir zugehört hatte und schloss das Bild auf meinem Computer, denn ich hatte noch zu arbeiten. Es war ein sehr regenreicher Tag und als ich aus dem Fenster schaute, saß da ein kleiner Spatz auf dem Fenstersims und trillerte ein Lied. Als er dann wegflog, sah ich auf einmal ein ganz großes Herz auf der Fensterscheibe. Von diesem Anblick war ich so fasziniert, dass ich gleich loslaufen wollte, um es meinen Kollegen zu zeigen. Aber plötzlich kam mir der Gedanke und was mache ich, wenn sie es gar nicht sehen können und dieses Herz nur für mich bestimmt ist? Also setzte ich mich wieder an meinen

Schreibtisch und schaute fasziniert auf dieses Herz, das nun von der Sonne angestrahlt wurde. Es hatte sicher etwas zu bedeuten. Es sollte heißen, die geistige Welt liebt mich und ich soll nicht mehr traurig sein. Den ganzen Tag, bis ich mein Büro verließ, konnte ich das Herz sehen. Am nächsten Tag freute ich mich wieder auf das Herz. Aber wie ich mich auch stellte und betrachtete, das Herz war nicht mehr zu sehen. Es war ein Geschenk aus dem Jenseits für ein paar Stunden, um mich wieder glücklich zu machen. Ich bedankte mich dafür.

Ein anderes Mal wollte ich einem Tagesseminar über Esoterik in Leutkirch beiwohnen. Mich interessierte vor allem die Podiumsdiskussion mit Rainer Holbe und sein Engelvortrag, denn ich liebe die Engel. Als ich meinem Lebensgefährten davon erzählte, wurde er ärgerlich und meinte, „dass man für so einen Quatsch auch noch Geld ausgeben kann. Wenn du hingehen willst, geh hin, aber ich fahre dich nicht und werde dich auch nicht abholen, du kannst schauen, wie du da hinkommst." Ich musste den Zug nehmen, aber es gab keine gute Verbindung und das Ganze ging bis spät in die Nacht. Als ich dann im Zug saß und an unsere Auseinandersetzung dachte, sagte ich zu meinem Engel: „Wenn der Ort an den ich jetzt gehe der richtige Ort ist, zeige mir bitte am Wegrand ein paar Rehe." Es dauerte keine fünf Minuten und es standen plötzlich am Waldrand einige Rehe. Aber das Komische war, es war bereits Vormittag und Rehe sieht man in der Regel nur ganz früh am Morgen. Es waren aber nicht die einzigen Rehe, die ich an diesem Tag sah, sie begegneten mir auf dieser Fahrt gleich mehrmals. Dies war für mich der Beweis, dass mein Weg, den ich eingeschlagen habe, der Richtige war.

Es war auch kein Problem für mich nach Hause zu kommen, die Jenseitigen haben dafür gesorgt, dass ich an diesem Abend ohne große Probleme liebe Menschen fand, die mich sicher und gesund nach Hause brachten.

Gott, die Engel, die Mutter Maria und die Jenseitigen gehören zu unserem Leben, auch wenn viele Menschen das nicht wahrhaben wollen und sie uns, die wir daran glauben immer wieder belächeln. Selbst in der eigenen Familie werden Sie auf viele Hindernisse stoßen. Aber lassen Sie sich nicht beirren, gehen Sie ihren Weg, denn er ist der Richtige.

Auch Sie können mit der geistigen Welt kommunizieren. Bei mir hat es auch viele Jahre gedauert, bis dies möglich war. Es begann, als ich mit dieser Welt nicht mehr zufrieden war. Als alle nur ihren eigenen Interessen und ihrem eigenen Vorteil hinterher waren. Das enttäuschte mich so sehr, dass ich mich immer wieder mit der geistigen Welt beschäftigte und unterhalten habe. Mein Vater kommuniziert mit mir durch das Licht und ich durfte wunderbare Dinge erleben, über die ich bereits in dem Engelbuch berichtet habe. Was mir in der letzten Zeit ganz bewusst auffiel ist die Tatsache, dass wenn ich traurig oder krank bin, von den Jenseitigen gestreichelt werde. Ich kann spüren wie man mir über den Kopf streichelt oder ich spüre ihre Berührung an der Wange.

Nachdem ich an einem mehrtägigen Heilerseminar teilgenommen hatte, wollte ich Ingrid besuchen, die noch immer sehr in Trauer war, um das Erlernte an sie weiterzugeben. In der Zwischenzeit habe ich festgestellt, dass man tatsächlich mit der Göttlichen Kraft Menschen helfen kann, die krank und in Not sind. Es ist mir bereits mehrmals gelungen. Ich möchte allerdings nicht darüber schreiben, weil ich der Meinung bin, es ist die Kraft Gottes, der diese Ehre gebührt und nicht mir. Jeder sollte Demut in dieser Beziehung walten lassen, denn ohne

Gottes Gnade und Stärke und vor allem ohne Gottes Wille, werden wir niemals in der Lage sein zu heilen. Wir sind wirklich nur Werkzeuge Gottes.

Als ich an diesem Tag bei Ingrid ankam, bot ich ihr an, eine Heilung durchzuführen. Ich sagte zu ihr, „bitte stell dir den Stuhl an einen Ort in deiner Wohnung, an dem du dich am wohlsten fühlst." Sie stellte den Stuhl so, dass ich das Körbchen aus Metall sehen konnte, das von der Decke hing und von dem sie mir bereits berichtet hatte, dass dieses sich immer dann dreht, wenn ihr verstorbener Mann im Raum ist. Gleichzeitig beschwerte sie sich aber auch, das es in der letzten Zeit nicht mehr so oft passiert sei und das machte sie traurig. Ich bat sie, eine CD mit ruhiger, schöner Musik aufzulegen. Sie legte die Lieblings-CD ihres Mannes auf. Als ich mit der Heilung bei ihr anfing, bat ich die höchste Quelle, also unseren Schöpfer, Ingrid zu helfen. Dann bat ich ihren verstorbenen Mann, ganz viele Helfer zu aktivieren, damit seiner Frau endlich Trost zuteil werden kann. In diesem Moment fing das Körbchen, das an der Decke hing, sich wie wild an zu drehen. Ich wusste in diesem Moment, dass auch er anwesend war und versuchte seiner Frau Kraft und Energie zu schicken. Als die Drehungen des Körbchen nach ca. 10 Minuten langsamer wurden, sagte ich, wenn du es wirklich bist, der verstorbene Mann von Ingrid, dann bewege dieses Körbchen wieder. Direkt nachdem ich dies gedacht habe, fing das Körbchen wieder an, sich zu drehen. Sie dürfen aber nicht glauben, dass es ein sehr leichtes Teil ist, das bei einem kleinen Lüftchen in Bewegung gerät. Es ist aus Metall und besteht aus 3 Teilen. Außerdem waren alle Fenster und Türen verschlossen, um nicht gestört zu werden. Als ich nach der Heilung Ingrid fragte, was sich denn während dieser Sitzung bei ihr ereignet hatte, sagte sie zu mir: „Ich konnte eine extreme Hitze an meinem Hals spüren, was bedeutet das denn?" Das Hals-Chakra stellt die Farbe hellblau dar, und bedeutet Akzeptanz und Wandlung. Der Mensch ist bereit, anzunehmen und zu lernen. Es wird sich einiges in seinem Leben verändern. Es bedeutet auch Rückbesinnung auf sich selbst, Einsicht, Frieden, Geborgenheit. Das Hals-Chakra ist dort, wo sich unsere Schilddrüse befindet. Diese schüttet Hormone aus und ist für das Wohlbefinden in unserem Körper mitverantwortlich. Ein negatives Hals-Chakra bedeutet: ausgelaugt sein, Furcht, sich verlassen und verloren fühlen, Fernweh, Sehnsucht nach dem Unerreichbaren. Die Hitze, die in das Hals-Chakra von Ingrid eingedrungen ist, gibt ihr wieder Kraft und Energie von der Göttlichen Quelle. Und die Wärme hat sich genau an der Stelle manifestiert, wo es für Ingrid am wichtigsten war.

Ingrid berichtete mir noch von einem Vorfall, der mir sehr wichtig erschien darüber zu schreiben. Nach dem Tod ihres Mannes hatte Ingrid sehr oft das Gefühl nicht mehr weiter leben zu wollen und hat immer in allerletzter Minute Hilfe erfahren. So auch an ihrem Hochzeitstag. Sie ging zum Grab ihres Mannes, um ein Zwiegespräch mit ihm zu halten und sie berichtete ihm auch, dass sie so traurig sei ohne ihn und nicht mehr leben möchte. Ganz deprimiert ging sie nach dem Besuch auf dem Friedhof nach Hause und machte sich Gedanken, wie sie ihrem Leben am besten ein Ende bereiten könnte. Während sie sich nur noch diesem Gedanken widmete, klingelte es plötzlich an der Türe und eine Freundin, mit der sie nicht gerechnet hatte, kam sie besuchen und machte ihr wieder Mut.

Ein anderes Mal war Ingrid gerade im Begriff, eine Zeitung zu lesen. Da ging es um einen Schauspieler, der sich das Leben nahm, als seine Frau verstarb, er konnte ohne sie nicht mehr weiterleben. Als Ingrid von dem Artikel so fasziniert war und schon anfing, sich zu überlegen, wie sie es anstellen könne, auch ihrem Leben ein Ende zu bereiten, da ging das Licht aus. Dies war der Moment, wo Ingrid erkannte, dass es auch von ihrem geliebten Mann nicht gewollt ist, dass sie sich das Leben nimmt. Ich glaube, Ingrid wird es schaffen, mit der Hilfe, der Liebe und der Kraft aus dem Jenseits. Sie wird ständig von einer ihr unsichtbaren Macht beschützt. Auch sie musste gestehen, das immer dann Menschen ihr hilfreich zur Seite standen, wenn sie besonders verzweifelt war. Es hat mich auch sehr glücklich gemacht, dass Ingrid nun anfängt, die Gegenwart ihres Mannes zu spüren. Das hat damit zu tun, dass ihre Aura langsam wieder hell und gesund wird. Nur mit einer hellen, gesunden Aura können Sie Kontakt mit der Jenseitigen Welt aufnehmen.

Ich habe immer versucht herauszufinden, bei welchem Anlass ich Blumen aus der jenseitigen Welt erhalte. Meistens war es im Zusammenhang mit Ingrid, wenn ich ihr bei unseren Treffen versuchte zu erklären, dass sie bei einem Selbstmord nicht auf die gleiche Ebene kommen würde, wie ihr verstorbener Mann. Ich bin mir sicher, dass die Blumen ein Dankeschön aus dem Jenseits sind.

Ein ganz ungewöhnliches Erlebnis hatte ich, nachdem ich von Gabi ein Buch erhalten hatte über Feen und Elfen. Ich fing an es zu lesen und konnte damit nichts anfangen. Ich gab es Gabi wieder zurück mit den Worten: „Mit diesem Quatsch kann ich nun wirklich nichts anfangen. Bis jetzt habe ich so kleine, lustige, tanzende Wesen noch nie gesehen. Was ich nicht selbst erlebt habe, dass kann ich auch nicht glauben." Gabi sah mich ein wenig enttäuscht an und sagte: „Aber ich glaube daran, denn ich arbeite ständig im Garten und ich kann diese Wesen fühlen und ich rede mit ihnen."

An dieses Buch und das Gespräch sollte ich aber schneller denken, als ich vermutet hatte. Denn als ich ein paar Wochen später abends noch wach im Bett lag, wagte ich nicht zu glauben, was ich sah. Zwei wunderschöne kleine Wesen tanzten durch mein Schlafzimmer. Sie schienen von mir gar keine Notiz zu nehmen, so sehr waren sie mit sich selbst beschäftigt. Sie zu beschreiben fällt mir äußerst schwer, denn so etwas Niedliches habe ich in meinem ganzen Leben noch nie gesehen. Sie sahen aus wie tanzende Sonnenblumen. Wo sonst die Mitte der Sonnenblume ist, waren jetzt zwei kleine putzige Gesichtchen. Alle Blätter der Blumen vibrierten und bewegten sich. Sie hatten kleine weiße Beinchen und Miniatur-Flügelchen. Das ganze Schauspiel war nach ein paar Minuten beendet. Ich sah, wie die zwei durch die Wand ins Nichts verschwanden.

Die ganze Beschreibung klingt, als wenn eine erwachsene Frau ihren Verstand verloren hätte. Aber war es nicht die Antwort auf das, was ich nicht glauben wollte? Darüber wollte ich erst nicht schreiben, denn noch vor wenigen Monaten habe ich gedacht, es gibt so viele Spinner auf der Welt. Aber Gabi kenne ich nun lange genug um zu wissen, das sie keine Märchen erzählt. Trotzdem war ich immer skeptisch, weil ich es nie selbst erlebt hatte. Nun muss auch ich daran glauben, es gibt diese Wesen tatsächlich.

Zuerst war ich der Meinung, dieses Erlebnis sei für meine Leser nicht erwähnenswert. Doch dann kam ich zu dem Entschluss, dass es auch Ihnen passieren kann oder bereits passiert ist und Sie sich vielleicht gerade in diesem Zusammenhang unnötige Gedanken machen. Aber zwischen Himmel und Erde ist nichts unmöglich!

Es war für mich ein harter Arbeitstag und zur Entspannung legte ich mich nach dem Abendessen ein wenig auf die Couch und versuchte beim Fernsehen ein wenig auf andere Gedanken zu kommen. Die ganze Zeit konnte ich ganz deutlich spüren, wie man mir über den Kopf streichelte. Es war ein sehr beruhigendes Gefühl. Ich bedankte mich noch bei den Jenseitigen für das Glück, dass sie mir beistehen und immer um mich sind. Mit diesem wohligen Gefühl und diesen Gedanken schlief ich ein. Es waren ein paar Stunden vergangen, als ich ganz plötzlich aufwachte, weil ich das Gefühl hatte, es steht jemand vor mir. Was ich dann sah, ließ mich im ersten Moment erschrecken, denn vor mir stand eine weiße, dichte Nebelwand. Mein erster Gedanke, aus dem Schlaf aufwachend war: „Wie furchtbar, es brennt!" Da an diesem Abend der Kamin an war, hatte ich tatsächlich das Gefühl, ein Feuer sei ausgebrochen. Aber es roch nicht nach Feuer, die Luft war ganz rein und klar. Als ich mich im ersten Moment so ängstigte, verschwand der Nebel sofort. Doch dann musste ich wieder an die Worte des Mediums denken, als ich sie gefragt hatte: „Was bedeutet es, wenn sich ein weißer Schleier verflüchtigt und das durch die Wand?" Sie hatte mir erklärt, dass der Verstorbene versucht, sich zu materialisieren oder mit dieser Form von Nebel sagen will: „Ich bin bei dir." Meine plötzliche Angst, weil ich so schnell aus dem Schlaf gerissen worden war, hat den Verstorbenen vertrieben. Nun ärgerte ich mich, weil ich so überreagiert hatte. Die Verstorbenen möchten uns ihre Liebe zeigen, uns aber keine Angst einjagen. Da sie unsere Gefühle erkennen, und auch Angst erspüren können, ziehen sie sich sofort zurück. Sie lieben uns und wollen uns trösten, aber nicht ängstigen.

Hilfe aus dem Jenseits

John und Karin gingen am Wochenende mit ihrem kleinen Sohn zum Angeln. Es war ein herrlicher Tag und der kleine Junge war glücklich, als die Eltern ihm erlaubten, ohne ihr Beisein nach Würmern zu suchen. Mit einem großen Glas ging er los und war zuerst auch sehr erfolgreich. Als er ganz plötzlich vor einer Schlange stand, erkannte er die Gefahr nicht sofort, denn er war erst 6 Jahre alt. Er nahm einen Stock und versuchte, mit ihr zu spielen. Die Schlange aber fühlte sich bedroht und biss ihm in die Hand. Schreiend versuchte er zu seinen Eltern zu laufen, aber er hatte sich im Wald verirrt und wusste nicht mehr, von wo er gekommen war. Im Moment größter Angst sah der Junge plötzlich einen Mann im Rollstuhl neben sich stehen der zu ihm sprach: „Du darfst dich jetzt nicht bewegen, du musst mit deinen Kräften sparsam umgehen, damit sich das Gift nicht so schnell in deinem Körper ausbreitet. Bleibe ganz ruhig sitzen und nimm dein Halstuch und binde dir das Handgelenk ab, damit das Schlangengift nicht in deinen Körper kommt." Der Kleine meinte: „Aber du kannst mir doch helfen." „Das kannst du schon alleine, meinte der Mann im Rollstuhl. „Muss ich jetzt sterben?" fragte der kleine Jason. „Nein", sagte der freundliche Mann im Rollstuhl, „lege dich nur ruhig hin, denn es wird gleich jemand kommen, um dir zu helfen." Die Eltern waren bereits besorgt, da Jason noch nicht zurück war und gingen auf die Suche nach ihm. Sie fanden ihn im Wald liegen und er berichtete ihnen von dem Schlangenbiss und dem netten Mann im Rollstuhl.

Als dann der Krankenwagen kam und ihm ein Arzt das Gegengift spritzte, berichtete der Kleine nochmals von dem Mann im Rollstuhl, der so nett war und ihm geholfen hätte. Als der Arzt von dem Mann im Rollstuhl hörte, blickte er auf und sagte zu Jasons Eltern: „Er hilft jedem, der in Not ist, aber er ist bereits seit einigen Jahren tot. Der Mann im Rollstuhl wollte Arzt werden, aber auf dem Weg zur Uni verunglückte er. Seitdem war er am ganzen Körper gelähmt. Er verstarb kurze Zeit später. Aber immer, wenn Menschen verzweifelt sind, zeigt er sich im Rollstuhl und erteilt den Menschen erste Hilfe. Den Rest übernehmen dann wir." Der kleine Jason überlebte das Ganze, dank der schnellen Hilfe des jenseitigen Helfers.

Das ist die Aufgabe, welche der Verstorbene übernommen hat. Er möchte Menschen in Not helfen. Genau so, wie es seine Berufung war. Leider hatte er auf Erden nicht die Möglichkeit durch seinen schnellen Tod und hilft deshalb den Menschen, die einsam und alleine und verzweifelt auf Hilfe warten. Genau dort ist er als erster vor Ort.

Ein Angestellter einer Firma sollte Matratzen ausliefern. Aber dieses Mal hatte er sich tatsächlich verfahren, obwohl er sonst keine Schwierigkeiten hatte, die Lieferadressen zu finden. Als er auf der Suche nach dem Strassennamen war, stellte er seinen Lastwagen kurz ab. Was er dann sah, ließ ihn vor Schreck erstarren. Ein kleines Kind fiel aus dem Fenster eines mehrstöckigen Wohnhauses, direkt auf seinen Lkw und es kam sanft auf den geladenen Matratzen auf. Gott sei Dank, dachte er noch und ging mit dem Kind auf dem Arm auf die Suche nach seiner Mutter. Der Hausmeister des Mietshauses zeigte ihm die Wohnung, aber niemand öffnete auf sein Klingeln. Dann kam der Hausmeister mit dem Zweitschlüssel, um die Haustüre der alten Dame zu öffnen. Die Großmutter betreute immer den kleinen Jungen, wenn seine Mutter beim Arbeiten war. Was sie dann sahen, als sie die Türe öffneten, erschreckte sie sehr. Die Großmutter lag auf der Erde, sie befand sich im Koma und das Fenster, aus dem das Kind gefallen war, stand weit auf. Nicht nur das Kind wurde gerettet, sondern auch die Großmutter. Diese musste sofort in ein Krankenhaus eingeliefert werden, denn sie war Diabetikerin und hatte vergessen, ihr Insulin zu nehmen. Bereits am nächsten Tag konnte sie wieder entlassen werden. So wunderbar behütet Gott die Menschen, die er liebt. „Er schickt ihnen seine Engel, so dass sie mit ihrem Fuß noch nicht einmal an einen Stein stoßen!"

Ein Kirchenchor probte jede Woche und das immer zur gleichen Uhrzeit. 19 Uhr und keine Minute später, sagte die strenge Chorleiterin immer. Aber an diesem Tag war alles anders. Isabelle wollte gerade das Haus verlassen, als sie angerufen wurde. Tamy musste voller Wut feststellen, das ihre Uhr nachging. Ein anderes Chormitglied wurde krank und konnte nicht kommen. Andere wieder steckten im Stau, obwohl sie so zeitig wie immer das Haus verlassen hatten. Alles ging schief. Selbst die sonst so strenge Chorleiterin war total verzweifelt, denn plötzlich stand auch sie im Stau, sie sollte eine Umleitung nehmen. Sie sagte noch zu den Bauarbeitern: „Das ist der erste Tag in meinem Leben, dass ich zu den Chorproben zu spät komme und ich predige immer wie wichtig Pünktlichkeit ist."

Als sie dann an der Kirche ankam, wollte sie ihren Augen nicht trauen. Die Kirche war durch eine Gasexplosion zerstört worden. Und zwar genau in dem Moment, als die Chorproben beginnen sollten. Wie der Zufall oder besser gesagt, Gott es wollte, kamen an diesem Tag alle, aber auch alle, aus irgendeinem Grund zu spät und sind somit dem sicheren Tod entgangen.

Hinter jedem Schatten gibt es ein Licht, so dachte auch der Junge, der mit 13 Jahren durch eine Augenkrankheit erblindete. Sein Leben war zuerst die Hölle für ihn, denn er wurde ja nicht blind geboren, und ein Leben in totaler Dunkelheit war neu für ihn. Er wusste nicht, ob er jemals wieder ein normales Leben führen könnte. Diesen optimistischen, jetzt jungen, berühmten Mann, habe ich an einem Sonntagmorgen im Gottesdienst von „Hour of Power" im Fernsehen reden hören und war so fasziniert, dass er es mir Wert ist, in diesem Buch von ihm zu berichten. Was ihn so wunderbar und außergewöhnlich macht, war das Vertrauen das er zu Gott und seinen Begleitern, den Engeln, hatte. Er ist blind und hat mit seinem Team die 5 höchsten Gipfel der Welt erklommen, unter anderem auch den Mount Everest. Ich glaube selbst als Sehender hätten wir nicht den Mut und die Kraft, so etwas zu tun. Seine Aussage war: „Das war nicht ich, jemand hat mir die Kraft und den Mut gegeben, vier Wochen an dieser Expedition teilzunehmen. Ich hatte immer das Gefühl, meine Engel würden mich begleiten, stützen und heben," sagte er. Wenn er dann zu Hause ankam, konnte er sich vor Kraftlosigkeit tagelang nicht mehr an irgendetwas beteiligen, so erschöpft war er, dass er zuerst immer ganz lange schlafen musste, um wieder Kräfte zu sammeln. Besonders groß war immer die Freude seines Blindenhundes. Er erkannte seine Stimme bereits am Telefon, wenn er mit seiner Frau telefonierte. Sein Hund bellte dann so laut vor Freude, dass die Nachbarn vorbei kamen um zu fragen, was denn mit dem Hund passiert sei.

Er sagte auch: „Dinge werden uns genommen und dafür andere gegeben z. B. Glaube und Mut." Als er erblindete, war er noch nicht einmal in der Lage sein Badezimmer zu erreichen, geschweige denn einen Berg zu besteigen. Ich habe von diesem Mann sehr viel gelernt. Vor allem Gott zu vertrauen, denn er weiß genau was er tut.

Vor ein paar Wochen startete wieder die Sendung „Deutschland sucht den Superstar". Auch ich saß vor dem Fernseher, um mir die Sprüche von Dieter Bohlen anzuhören, obwohl ich der Meinung bin, dass diese oft sehr verletzend sind und es nur eine Frage der Zeit ist, bis einmal jemand bei seinen Kommentaren ausflippt. Dann kam die 17-jährige Joyce, die mich und viele Menschen zu Tränen rührte. Auch die Jury war gerührt, als sie das Bild ihres Vaters vor sich hinlegte und anfing zu singen. Und sie sang wunderbar. Noch Tage später sorgte ihr Auftritt für Gesprächsstoff in ganz Deutschland.

Ihr Vater war Musiker und zwei Jahre davor mit nur 59 Jahren gestorben. Sie war sich nicht sicher, ob sie bei der Sendung mitmachen sollte, denn sie fand sich zu jung und unerfahren, diese Entscheidung alleine zu treffen. Sie fragte ihren „verstorbenen Papa", ihr ein Zeichen zu senden, wenn sie sich bewerben soll. In diesem Moment ging das Licht an und aus. Dies war die Antwort, auf die sie gewartet hatte und sie bewarb sich. Als sie den Raum mit dem Foto ihres verstorbenen Vaters in der Hand betrat, sagte sie: „Das Lied das ich jetzt singen werde, „Hero" widme ich meinem verstorbenen Vater." Alle waren gerührt. Die Jury, das Publikum, die Presse, ganz Deutschland. Man konnte spüren, dass dieses Lied ihrem verstorbenen Vater galt. Sie kam eine Runde weiter und ich bin sicher, ihr Vater steht neben ihr, wenn sie vorsingt. Ganz Deutschland drückte ihr die Daumen. Sie kam zwar nicht ins Endfinale aber viele Menschen konnten sehr viel von ihr lernen. Sie sagte: „Ich möchte anderen Menschen zeigen, es gibt kein wirkliches Ende. Wenn Menschen wirklich lieben und geliebt werden, dann leben sie immer weiter. In uns und in unserer Musik!" Sie hat Recht, wir sterben nie!

Vor kurzem führte ich ein Gespräch mit einer Freundin meiner Mutter. Ihre Tochter war Ärztin und starb an einer Infektion. Als sie für die Klinik diverse Laborversuche vornehmen musste, wurde sie von einer Ratte gebissen. Als ich ihrer Mutter von meinem Buch am Telefon berichtete, bat sie mich, den Menschen mitzuteilen, dass ihre Tochter zwei Tage vor ihrem Tod die Mutter Gottes gesehen hatte. Ganz plötzlich stand sie in ihrem Sterbezimmer, umgeben von einem wunderbaren Lichtkranz. Es hat ihrer Tochter damals das Sterben sehr erleichtert, denn nun wusste sie, dass es ein Leben nach dem Tod gibt. Sie wurde nur 29 Jahre alt.

Selbst in unserer Sterbestunde sind wir nicht alleine. Wir werden von Jenseitigen begleitet. Nennen Sie es wie Sie wollen, aber denken Sie daran, niemand stirbt alleine, auch wenn er zum Zeitpunkt seines Todes alleine war. Beim Sterben ist man bereits viele Stunden vor dem Tod von vielen lieben Seelen umgeben, die uns trösten und abholen und den Abschied von dieser Welt leichter machen.

So berichtete mir auch Ingrid, dass ihr Mann zwei Tage vor seinem Tod von seiner Mutter berichtet hat, die bereits Tod war. Er sagte, im Traum sah er seine Mutter auf der anderen Seite eines Flusses stehen. Immer wieder rief sie seinen Namen und winkte ihm zu, auf die andere Seite zu kommen. Er saß in einem Boot auf dem Wasser. Er sagte zu seiner Frau: „Stell dir vor, wenn ich rübergefahren wäre, dann wäre ich nie mehr zurückgekommen." Zwei Tage später ist er doch zu seiner Mutter auf die andere Seite gegangen. Sie hatte bereits auf ihn gewartet.

Von einer Sache möchte ich noch berichten, denn meines Erachtens ist es ein Phänomen. Ich schrieb gerade an einem Kapitel meines Buches. Anstatt Blau schrieb ich plötzlich Balu. Der Name Balu ließ mich sofort zum Telefon greifen und Ingrid anrufen, denn es war der Name ihres Hundes. Ich erwischte sie genau zur richtigen Zeit, denn sie befand sich in einer ganz schlimmen, depressiven Phase und erzählte mir, dass sie ihrem Leben ein Ende setzen wollte. Ich sagte ihr: „Ich habe es vermutet," als sie mich fragte wieso, habe ich ihr gesagt, dass mich die geistige Welt anstatt blau Balu schreiben ließ und ich aus diesem Grund alarmiert war und sofort bei ihr anrief. „Siehst du", sagte ich, „du darfst noch nicht sterben, denn sonst hätte mich niemand bei dir anrufen lassen. Du hast noch viele Aufgaben hier zu erfüllen, genau wie dein Mann es während der Sitzung mit John gesagt hat."

Das Jenseits ist kein Ort zum Schlafen

Viele Menschen denken tot ist tot, dann wird man beerdigt und liegt im Grab bis zum Jüngsten Tag! Vielleicht kommt auch einmal der Tag, an dem wir von den Toten auferstehen werden. **Das stimmt aber so nicht!** Wir sind eine ewig existente Seele, die nur auf die Erde kam um zu lernen. Auch im Jenseits haben wir Aufgaben zu erfüllen, die unseren Fähigkeiten entsprechen oder aus denen wir noch etwas lernen können, bzw. lernen müssen. Haben wir auf der Erde nicht viel dazu gelernt, dann müssen wir es mit anderen Aufgaben, die wir uns sogar selbst aussuchen dürfen, im Jenseits weiter lernen. Im schlimmsten Fall müssen wir mehrmals auf die Erde kommen.

Die Jenseitigen wollen nicht so gerne auf die Erde und wir Diesseitigen wollen nicht ins Jenseits bzw. sterben. Für uns hat das Wort sterben einen schmerzlichen Beigeschmack. Wir gingen aber bei der Geburt durch das Tor des Vergessens und wissen nicht mehr, was uns erwartet. Das macht das Wort sterben so schmerzhaft. Aber keine Angst, das Jenseits ist nicht zum Schlafen da. Es haben sich schon viele Seelen bei uns gemeldet und darüber berichtet.

Ein Neuankömmling fragte seinen Freund im Jenseits: „Was muss ich denn hier tun?" Er erwiderte, „das Leben im Jenseits ist genauso vielseitig wie auf der Erde. Du darfst dir deine Aufgabe selbst aussuchen, aber sie muss immer etwas Gutes bewirken, denn du sollst und willst dich ja auch weiter entwickeln. Die Aufnahme einer Tätigkeit steht immer im Dienste des Nächsten. Wir werden oftmals von der Arbeit abberufen um einen guten Freund im Jenseits in Empfang zu nehmen, bis er sich eingewöhnt hat. Das könnte auch deine Aufgabe werden, wenn du möchtest." „Hättet ihr es auch verhindern können, wollte der Neuankömmling im Jenseits wissen?" „Du meinst, wir hätten dir dabei helfen sollen deinen Weg auf der Erde zu verlängern? Nein, das können wir nicht, denn es ist deine Bestimmung, da dürfen wir nicht eingreifen, auch die höheren Wesen, die Engel, die dir sonst immer beistehen, dürfen diesen Tag, deinen letzten Tag auf der Erde, nicht verhindern. Alles hat einen Anfang und ein Ende, für dich, für mich für uns alle. Aber es ist nur das Ende für deinen schweren, plumpen Körper, es ist gleichzeitig ein Anfang für dich im Jenseits. Ein wunderbarer Anfang, wenn du auf der Erde Liebe verbreitet hast. Gott zählt nur die Taten der Liebe, nicht was du nach deinem Tod der Kirche vermacht hast, denn das stellt für dich keine große Tat dar, damit hast du versucht, nochmals Anerkennung zu erlangen. Du wolltest nur, dass dein Name auf irgend einer Spendentafel steht, das ist kein Akt der Nächstenliebe, sondern Egoismus. **Du sollst zu Lebzeiten den Armen und Kranken Gutes tun.**

Die Menschen wollen sich nicht von irdischen Dingen trennen, sie möchten immer Menschen bleiben, denn sie lieben die Dinge, die sie sich auf der Welt geschaffen haben, es fällt den meisten schwer sich davon zu trennen. Nur in dem Moment, wenn ihre Körper alt und krank werden, dann sehnen sie sich nach dem Tod und der anderen Seite. Ich bin für die Menschen da, die nicht sterben wollten. Ich mache sie langsam mit unserem Leben und den neuen Aufgaben vertraut. Aber glaube mir, wenn du einmal deine Freunde und Familie in unserer großen, harmonischen Jenseitswelt gefunden hast, dann möchtest du nicht mehr auf die Erde zurück. Wenn den Jenseitigen gesagt wird, sie müssen wieder auf die Erde zurückkehren, um noch mehr zu erreichen, dann sträuben sich die meisten. Wir Jenseitigen wissen ganz genau, was für Gefahren und Versuchungen ihr auf der anderen Seite ausgesetzt seid, deshalb wollen wir da nicht mehr hin. Wenn wir den Weg des irdischen Lebens beschritten haben, wird uns nichts mehr in Erinnerung bleiben und wir fangen wieder von vorne an. Wir müssen aufs Neue beweisen, das unsere Seele gefestigt ist. Manche Seelen werden aber auch auf die Erde geschickt, um anderen zu helfen. Mit ihren Ideen, bei neuen Entwicklungen, mit guten Gedanken in ihren Büchern, mit ihrer Musik. Das meiste ist geistiges Eigentum. Gott hat es so gewollt. Alle Entwicklungen und Entdeckungen werden im Himmel erfunden und zur richtigen Zeit und am richtigen Ort durch eine Seele auf die Welt gebracht. Solche Dinge können gedanklich dem betreffenden Menschen übermittelt werden. Derjenige wurde von Gott dazu berufen, die Eingebung zu verbreiten, zum Wohlergehen der ganzen Menschheit.

Aber es gibt mehrere Welten, ihr seid nicht die Einzigen in dem großen Universum. Es gibt Welten, die mehr und andere, die sogar noch weniger weit entwickelt sind, wie ihr auf der Erde. Das ist schwierig für euch zu verstehen, denn was ihr nicht sehen könnt, das glaubt ihr nicht!

Einige der Neuankömmlinge im Jenseits werden von uns in einen Schlaf versetzt, bis die Tränen der Angehörigen ein wenig getrocknet sind, denn es schmerzt den Verstorbenen, die Trauer der Zurückgebliebenen zu sehen. Manchmal fragen sich dann die Hinterbliebenen, warum kann ich den Verstorbenen nicht spüren? Das ist der Grund dafür. Aber wie du siehst, bist auch du noch sehr lebendig.

Ein Neuankömmling, der erst kurz vor seinem Tod geheiratet hatte und seine Frau sehr liebte, betete immer wieder bei seiner Ankunft zu Gott, er möge doch seine Frau auch zu ihm kommen lassen, denn er liebe sie doch so sehr. Gott aber erlaubt dies nicht, denn seine Frau hatte noch viele Aufgaben zu erfüllen. Auch wenn sich der Verstorbene seine Lieben herbeisehnt und Gott darum bittet, wird Gott seine Pläne, die er mit einem Menschen hatte, nicht ändern. Allerdings darf der Verstorbene den noch Lebenden beistehen. Er kann sie immer besuchen und viele Helfer und gute Gedanken schicken. Sei es im Traum oder im Wachzustand. Wie du weißt, besitzen auch viele Menschen die Gabe mit den Verstorbenen zu kommunizieren. Auch das ist von Gott gewollt. Das passiert meistens dann, wenn die Menschen einen gewissen Weg einschlagen sollen und die Richtung nicht kennen. Es kann aber auch im Moment großer Trauer sein, dass sich der Vorhang ins Jenseits ein wenig lichtet, damit das Leid etwas weniger wird. Doch die meisten Menschen sehen die Zeichen nicht, besonders in der Trauerphase sind sie für die kleinen Wunder nicht empfänglich.

Man muss sich einmal vorstellen, wie das Leben eines einzigen Menschen das Leben in seiner ganzen Umgebung verändern kann. Denken Sie nur einmal an die Geburt oder an den Tod eines Menschen, was das alles bewirkt. Jeder Mensch ist für jeden anderen Menschen in seiner Umgebung wichtig und einzigartig. Auch Sie haben ihre und für Sie bestimmte Aufgaben zu erfüllen.

Es ist in der geistigen Welt so viel ähnliches vorhanden wie auf der irdischen Welt. Auch wir haben unsere Wohnungen, unsere Veranstaltungen, unsere Bibliotheken, unsere Gärten, unsere Blumen, unsere Musik, Medikamente (für die Welten), Glasmalereien, Gewässer, Meere, Tiere, unsere Liebe. Nur viel intensiver und weitaus schöner. Auf unserer Seite gibt es keine Kälte, keinen Regen, bei uns ist es immer warm und hell. Wenn die Menschen das nur sehen könnten, dann hätten sie keine Angst mehr vor dem Tod und könnten sich für den Verstorbenen freuen.

Sein Freund im Jenseits sagte zu dem Neuankömmling: „Du bist sehr jung aus dem Leben geschieden, wenn du aber als alter Mensch die Erde verlässt, bist du wieder jung, wenn du hier ankommst, denn die Seele altert nicht. Nur der irdische Leib wird alt und müde. Am Anfang ist dir die jenseitige Welt fremd und du hast noch immer Sehnsucht nach deinen Lieben auf der Erde. Aber nach einer Weile findet man die „Neue Welt" weitaus interessanter."

Dann wurde der junge Mann von seinem Schutzgeist abgeholt, der ihn auch während seines irdischen Daseins begleitet hatte. Er war sehr liebenswürdig und erklärte ihm, dass er nun ein paar neue Aufgaben übernehmen müsse. Aber er müsse noch einige Schulen besuchen, da er die Erde ja bereits nach kurzer Zeit wieder verlassen hatte. Nachdem er sich von seinen Familienmitgliedern verabschiedet hatte, da sie auf einer unteren Ebene zu Hause waren, führte ihn sein Schutzgeist in eine höhere Ebene. Obwohl er jünger war als seine Großeltern und Freunde und Verwandte, war er eine weiter fortgeschrittene Seele. Sein Schutzgeist erklärte ihm, dass er fortan seine Lieben auch besuchen dürfe, aber es sei ihnen nicht erlaubt, zu ihm zu kommen. Sie müssten sich diese höhere Ebene erst verdienen. Alles auf dieser Ebene, die er nun sah, war um einiges schöner und heller als auf der Ebene seiner Großeltern. Da er seine Eltern und Geschwister auf der Erde zurücklassen musste, kam er in eine neue Familie, die ihn mit viel Liebe aufnahm. Es war seltsam, denn sie kamen ihm alle sehr vertraut vor. Nun durfte er sich all den Aufgaben widmen, die er gerne tat und die er auf der Erde nicht vollenden konnte.

Oft verneigen wir uns auf Erden vor ganz bestimmten, mächtigen Menschen. Aber viele von ihnen werden im Jenseits nicht mehr verehrt, sondern da kann es sein, dass der Bettler von der Straße, im Jenseits weitaus höher gestellt ist, wie der Direktor oder der reiche Unternehmer. Auf der anderen Seite wird anders gerechnet als auf Erden. Da wird das Gewand schön und hell, wenn die Seele schön ist. Ich sage es euch nochmals, auf der anderen Seite zählen nur die Taten der Nächstenliebe. Lebt bitte danach, denn ihr seid länger auf der anderen Seite als auf der Erde. Das ist nur ein Leben auf Probe und ein Leben um zu lernen. Wir alle lieben den gleichen Gott, egal welcher Religion wir vorher angehört haben. Auf der anderen Seite sind wir alle im gleichen Glauben vereint und einig. Deshalb bekriegt euch nicht um des Glaubens willen, denn es gibt nur einen Gott. Und es zählt nur eure Liebe zu Gott und eurem Nächsten. Auch wenn es oft schwierig ist, alle Menschen zu lieben. Bevor ihr sie schlecht behandelt, geht ihnen lieber aus dem Weg. Begangenes Unrecht erfordert Wiedergutmachung im Jenseits. Auf der anderen Seite sind wir alle eine Familie, Brüder oder Schwestern. Gott ist unser Vater und wir sind alle eine einzige Familie. Wenn ihr zu Lebzeiten wüsstet, wie viele wunderbare Seelenverwandte ihr auf der anderen Seite habt, hättet ihr bestimmt Heimweh. Aber ihr sollt es nicht wissen, denn sonst könntet ihr eurer Aufgabe und den Pflichten auf Erden nicht mehr nachkommen, ihr hättet ständig Heimweh.

Auf der Erde fragt man sich ständig, wer kümmert sich denn um die kleinen Kinder, die früh sterben, und deren Eltern noch auf der Erde leben? Wir kümmern uns auch um die Kinder, die auf eurer Welt viel Unrecht erfahren. Warum glaubt ihr, sehen Kinder Dinge, die euch noch verborgen sind? Gott schickt seine Engel auf die Erde, damit diese sich um einsame, kranke und unglückliche Kinder kümmern, die von ihren Eltern misshandelt werden. Die Kleinen können die Engel sehen, aber ihr nicht und die Engel sind oft der einzige Trost, der so einem kleinen Wesen zuteil wird. Alle kleinen Kinder stehen unter dem besonderen Schutz der Engel. Denn sie sind Seelen, die noch nicht lange auf der Erde sind und noch dem besonderen Schutz der Engel unterstellt sind. Erst wenn das Kind erwachsen wird, übernimmt der Schutzgeist die Verantwortung für seinen Schützling. Besonders wenn der Körper schläft, kann sich die Seele des Menschen vom Körper lösen und mit lieben Menschen im Jenseits zusammenkommen. Wer auf Erden eine gute Tat vollbringt, ist von vielen schützenden Seelen umgeben. Jede gute Tat, die wir auf dieser Erde vollbringen, wird auf der anderen Seite reich belohnt. Ich kann gar nicht genug darüber berichten. Immer wieder denke ich, wie einfach es doch ist, für immer auf der anderen Seite glücklich zu sein. Aber leider gibt es zu viele irdische Sprüche wie: „Man lebt nur einmal," oder „man ist noch lange tot" oder „man muss das Leben genießen, denn man hat nur ein Leben." Wir werden viel zu wenig über ein Leben nach dem Tod aufgeklärt, aber viele Menschen wollen gar keine Aufklärung.

Sterben bedeutet im Jenseits „geistige Geburt" und die Geburt auf der Erde bedeutet für die Jenseitigen „geistiger Tod". Der schwere, plumpe Körper schränkt ein und das ist für eine Seele, die sich frei fortbewegen kann, gleich zu setzen mit dem Tod. Deshalb weigern sich auch viele, auf die Erde zu gehen. Nur der geistige Reichtum ist von Dauer, egal ob wir ihn im Jenseits oder im Diesseits erworben haben. Irdischer Reichtum kann eine Prüfung und irdische Armut kann eine Gnade Gottes sein. Menschen, die mit viel Geld gesegnet sind, vergessen manchmal die wichtigen Dinge des Lebens. Ein armer Mensch ist für Kleinigkeiten dankbar, die ihm im Leben zuteil werden. Reiche Menschen können sich an nichts mehr erfreuen, denn sie haben ja schon alles! Wer ist glücklicher? Nur geistiger Reichtum zählt, den wir uns auf der Erde erworben haben und nur dieser ist von ewiger Dauer. Wenn man geistigen Reichtum erwirbt, hat man auch viele geistige Freunde und man muss keine Angst haben, denn in der geistigen Welt herrscht eine große Verbundenheit mit dem Anderen.

Ich möchte Ihnen heute über etwas berichten, was auch mich sehr verwundert hat. Es wurde einem Medium überliefert. Es handelt von einer Frau, die von ihrem

Erdenleben berichtet und wie anders es verlaufen ist, als sie auf der anderen Seite ankam.

Anna war immer der Meinung, auf der Erde eine sehr fromme Frau gewesen zu sein. Sie hatte zwei Kinder, einen Sohn und eine Tochter. Sie ging oft in die Kirche und betete sehr viel. Sie dachte immer, dass es Gott gefallen würde, wenn sie ihre beiden Kinder Gott schenken würde. Sie brachte es fertig, dass ihre Tochter Ordensschwester und ihr Sohn Priester wurde. Sie war sich dabei immer ganz sicher, dass Gott ihr deshalb ihre Sünden, die sie auf der Erde begangen hatte, schneller verzeihen würde. Sie sah alles als Wiedergutmachung an. Anna war eine sehr arrogante, überhebliche Person, die immer glaubte, im Recht zu sein.

Als sie dann in der geistigen Welt ankam, wurde ihr gesagt, dass sie viel zu viel Unfrieden auf der Welt gestiftet habe durch ihre Art einen gegen den anderen auszuspielen. Anna aber war der Meinung, sie erhalte eine besondere Belohnung, da sie ja Gott ihre beiden Kinder gewidmet hatte. Aber das war nicht so und sie war bei der Ankunft im Jenseits enttäuscht. So etwas Großes hatte sie geleistet und es wurde ganz anders bewertet. Dann wurde sie von ihren Eltern begrüßt, diese sagten aber zu ihr, wir können leider nicht zusammen bleiben, denn du musst hier noch einige andere Aufgaben erfüllen. Sie versuchte nochmals einem Engel zu erklären, was sie Großartiges geleistet hatte und meinte, die gute Tat muss doch von Gott belohnt werden, der Engel aber verneinte. „Du musst zuerst einmal sehen was du falsch gemacht hast, wir werden es dir zeigen." „Aber meine Kinder beten doch für mich!" Der Engel sagte zu ihr: „Die Gebete werden dir helfen, aber nicht sofort, denn du musst noch viel lernen. Du musst nun selbst beweisen, dass du fähig bist, in der geistigen Welt etwas zu leisten."

Sie wurde auf eine andere Ebene in ein Dorf geführt. Dort brachte der Engel sie in ein Haus, das sie mit anderen Menschen teilen musste, es waren 15 an der Zahl. Das gefiel ihr gar nicht, denn sie war es nicht gewohnt mit anderen einen Raum zu teilen und ärgerte sich sehr darüber. Sie waren alle so unruhig und so geschwätzig, wie sie es eigentlich auch immer war, aber nun fing es an, sie zu stören. Dann wurde ihr gesagt, sie solle nun mit den anderen aufs Feld gehen und arbeiten. Sie aber weigerte sich und sagte: „Im Himmelreich muss man nicht arbeiten, das kann nicht sein!" Die anderen gingen zur Arbeit, sie aber weigerte sich, tat in der Zeit andere, sinnlose Dinge und ging ihren eigenen Weg. Es war aber auch niemand da, der sich großartig um sie kümmerte. Die anderen erzählten sich, was sie beim Arbeiten erlebt hatten, aber ihre Meinung war nicht gefragt. Es wollte auch niemand wissen, was sie den ganzen Tag gemacht hatte. Aus Langeweile suchte sie in der geistigen Welt nach Verwandten und Bekannten. Sie fragte sie alle aus und wollte wissen, ob sie denn auch zur Arbeit müssten. Einige bejahten und andere waren genau wie sie, lustlos und desinteressiert, also genau wie damals, als sie noch auf der Erde waren. Dann traf sie ein Ehepaar, das damals ganz in ihrer Nähe wohnte. Sie baten sie doch zur Arbeit zu gehen, denn man müsse Gott gehorchen, um weiter zu kommen. Sie sähe ja ganz erbärmlich aus. Sie sah das aber nicht so, denn sie legte keinen Wert auf ihr Äußeres. Ihre Bekannten sahen allerdings sehr gut aus. Sie baten sie nochmals, mit ihnen zur Arbeit zu kommen. Anna sagte: „Während ihr arbeitet, werde ich zu Gott beten und mein Gebet ist sicher genau so viel Wert und gottgefällig wie eure Arbeit!" „Versuche es doch einmal mit Arbeit, dann wird es dir auch bald wieder besser gehen. Das Jenseits ist kein Ort zum Schlafen, du musst dir auch hier alles verdienen, wenn du es dir nicht bereits auf der Erde verdient hast. Erst durch gute Taten kommst du an ein schönes Aussehen, schöne Kleidung und in eine schönere Umgebung."

Anna fing dann doch an zu überlegen, „eigentlich schaue ich wirklich furchtbar aus, aber was ich anhabe, das hat man mir gegeben, als ich hier ankam. Ich musste auf der Erde auch nie arbeiten, mein Mann und meine Familie haben das für mich getan, ich ging eigentlich immer mit wenig Arbeit und ohne Stress durchs Leben. Und hier im Jenseits soll ich aufs Feld, aber aufs Feld will ich nicht! Wenn ich nichts Besseres bekomme, mache ich lieber gar nichts," dachte Anna. Dann, eines Tages, bekam Anna Besuch aus einer anderen Welt. Es war die Hausiererin, der sie früher immer die Türe vor der Nase zugeschlagen und nur ganz selten bei ihr gekauft hatte. Sie war ihr viel zu ärmlich und unsozial, sie passte einfach nicht in ihre damalige Welt. Jetzt, im Jenseits, erkannte sie diese ärmliche Frau nicht mehr wieder. Sie kam von einer anderen Ebene, nur um ihr Mut zu machen und um ihr zu helfen. Gott hat viel mehr Freude an ihr als an mir. Wie ist das nur möglich, die hatte doch so viele Kinder und war so ärmlich? Außerdem muss Gott mir doch anrechnen, dass ich ihm zwei meiner Kinder geschenkt habe, um ihm im Orden zu dienen. „Ich kann diesen Gott nicht verstehen," sagte Anna zu ihrer früheren Nachbarin; **„Du warst doch nur eine ärmliche Hausiererin, wie schön schaust du denn aus? Was hast du besser gemacht als ich und der Rest von uns auf dieser Ebene?"** „Du hast Recht, ich war nur eine Hausiererin, aber Gott hat es belohnt. Meine Mühe auf der Erde, die ich hatte, um die vielen Kinder zu guten Menschen zu machen. Die Liebe und die Aufopferung für meine Kinder wurde von Gott sehr großzügig belohnt. Aber ich bin heute nicht gekommen, um dich zu tadeln, sondern um dir zu helfen. Ich bin immer ehrlich durchs Leben gegangen, obwohl ich so viele Kinder hatte und wir so arm waren." Sie, die ehemalige Hausiererin, riet Anna wieder zur Arbeit und zur Einsicht. Das sei der einzige Weg zu Gott und zur Vergebung der Sünden. „Lerne, arbeite und tue Gutes, sagte sie zu Anna!"

Aber Anna lungerte nur herum. Dann kam ein sehr gutaussehender Mann auf sie zu und sagte: „Wo kommst du denn her, warum bist du nicht bei der Arbeit?" Anna erwiderte: „Es hat mich ja keiner hingeführt!" Der Mann muss ein Engel gewesen sein, denn er nahm sie sanft beim Arm und führte sie an ihre Arbeit. Auf dem Feld angekommen sah sie dann plötzlich all die anderen, die mit ihr in dem Haus wohnten. Aber was sie nun auch sehen konnte, das war die Schönheit der Blumen und Sträucher und Bäume. Es gab dort auch Steine. Der Engel sagte nun zu Anna: „Das ist der Ort, wo du arbeiten sollst, da gehörst du hin!" Anna wagte nicht, ihm zu widersprechen, denn er war eine sehr autoritäre Persönlichkeit. Sie dachte: „Warum muss ich hier nur arbeiten, das ist doch der Himmel?" Der Engel konnte sie verstehen und antwortete: „Du wirst die Antwort noch erhalten!"

Als ein anderer Engel sie sah, sagte dieser: „Anna, du schaust aus wie eine Bettlerin und wenn du aus diesem Dorf herauskommen willst, musst du etwas leisten. Du hast es während deines Erdenlebens versäumt. Auf der Erde hättest du einer Frau, die ausschaut wie du jetzt, noch nicht einmal die Hand gegeben." Anna musste ihm da leider zustimmen, „das ist wahr", sagte sie. Aber denke doch an meinen Sohn und meine Tochter. „Das weiß ich," sagte der Engel, „aber du kannst dich nicht immer mit den guten Taten der Anderen brüsten. Nur deine

Taten zählen. Ich werde dir einen anderen Engel senden, der sich um dich kümmert, denn sonst wirst du immer ein Bettlerin bleiben." Und tatsächlich, immer wieder wurde sie von einem Engel angetrieben, ihre Arbeit zu tun. Sie konnte nicht mehr wie am Anfang einfach so herumlaufen und nichts tun. Diese Zeiten waren für sie vorbei. Er schien nur Augen für sie zu haben und beobachtete sie ständig. Plötzlich setzte bei ihr der Verstand ein, sie fing an nachzudenken und auf einmal wurde ihr klar, warum sie hier war. Sie musste in der geistigen Welt das nachholen, was sie auf der Erde versäumt hatte. Gott gab ihr zwar die Chance auf der Erde, aber sie hatte sie vertan. Sie dachte, wenn sie regelmäßig betet und ihre Kinder in den Orden schickte, ist das die Eintrittskarte zu Gott und in den Himmel. Aber was hat sie denn eigentlich Positives geleistet, auf das sie hätte zurückblicken und stolz sein können? Sie hat weder geliebt noch hat sie Liebe gegeben. Für andere hatte sie nichts getan, im Gegenteil, sie hatte sie verachtet und über sie geschimpft.

Nachdem sie fleißig gearbeitet hatte bekam sie ein schöneres Gewand. Von nun an konnte sie auch spüren, dass die anderen viel mehr Respekt vor ihr hatten. Auch die schönen Engel erklärten ihr, dass sie sich ihre Schönheit selbst verdienen mussten. Schönheit erhält man durch Liebe, Aufopferung am Nächsten und durch Fleiß. Die Engel sind ganz nah bei Gott und alle betrachten ihn mit Ehrfurcht. Anna kann heute nicht mehr verstehen, warum sie ein so schlechter Mensch war und immer glaubte, im Recht zu sein. Nichts und Niemanden hatte sie gelten lassen, alles musste nach ihrem Willen geschehen, sie stellte fest, sie war viel zu egoistisch. Während ihres ganzen Erdendaseins hat sie nie an andere gedacht. Nachdem sie ein besseres Aussehen durch den Fleiß ihrer Arbeit erlangt hatte, durfte sie

Schulen besuchen, um zu lernen. Dann wurde sie in den Dienst des Nächsten gestellt, und durfte anderen Menschen helfen. Menschen, die wie sie auf der Erde nichts Positives bewirkt hatten. Um ihr Seelenheil sollte sie sich bemühen, wenn sie so uneinsichtig waren wie sie. Aber ihr ging es nun auch wie den anderen, die versucht haben, ihr Hilfestellung zu leisten. Zuerst wird alles abgelehnt, man sieht seine Fehler nicht ein. So durfte sie allmählich mehrere Stufen aufsteigen. Es hatte bei Anna sehr lange gedauert, bis sie zur Einsicht gelangte, dann aber wurde sie von Gott belohnt.

Was wir auf der Erde falsch gemacht haben, das muss im Jenseits wieder gut gemacht werden. Wir bekommen nichts geschenkt, was wir uns auf der Erde nicht erarbeitet haben, das müssen wir im Jenseits nachholen. Deshalb sprach ich heute zu euch durch ein Medium und sage euch in aller Liebe. „Denkt nicht nur an euch, denkt an jeden anderen zuerst und an euch zuletzt, dann entgeht ihr den schlimmen Prüfungen, denen die meisten ausgesetzt werden, die das Gebot der Nächstenliebe nicht kennen und nicht leben." Liebt Gott über alles und den Nächsten wie euch selbst. Das ist auch das, was Gott uns immer versucht hat zu übermitteln. Gott liebt euch, versucht auch Ihr ihn zu lieben."

Die Silberschnur – Astralreisen

„Astral" bedeutet den Sternen zugehörig. Man sagt, jeder Mensch unternimmt irgendwann einmal im Schlaf eine Astralreise. Nur meistens können wir uns am Morgen nicht mehr daran erinnern. Oftmals denken wir, wenn ich nur wüsste, was ich heute Nacht geträumt habe, aber der Traum will uns einfach nicht mehr einfallen. Auch ich habe mich schon auf Astralreise begeben.

Solange die Silberschnur des Menschen nicht zerstört wird, bzw. reißt, wird er auch immer wieder von dieser Reise zurückkehren. Nur wenn die Silberschnur durchtrennt wird, gibt es kein Zurück mehr. Dann bleiben wir auf der anderen Seite, im Jenseits, dann verlässt unsere Seele, unser Geist, den Körper. In diesem Moment sind wir für die Welt tot: unsichtbar. Aber das ist kein Grund zur Aufregung, denn wir sind noch sehr lebendig! Genau wie Sie Ihre Kinder nicht sterben lassen würden, so lässt auch Gott uns nicht sterben. Gott ist Liebe und mit seiner ganzen Liebe steht er uns allen, seinen Kindern liebend zur Seite. Ich wäre sehr froh und dankbar, wenn mehr Menschen diese Ansicht vertreten würden.

Vor ein paar Tagen rief mich Manu an, wir lernten uns durch mein Buch kennen und ich musste feststellen, das wir sehr viel gemeinsam hatten. Sie berichtete mir, das ihr Mann ihr morgens unglaubliches erzählt hat. Ich muss dazu sagen, dass ihr Mann nur wenig an die geistige Welt glaubt, aber seine Frau trotzdem gewähren lässt. Aber dieses Erlebnis hat auch ihn zum Grübeln gebracht. Er ist Polizist und nicht so leicht von übersinnlichen Dingen zu überzeugen.

Manu ging am Abend zu Bett und schlief auch direkt ein. Plötzlich wurde ihr Mann mitten in der Nacht wach und konnte sehen, wie der Astralkörper seiner Frau auf dem Bett saß. Es hat ihn sehr irritiert, denn er konnte nicht verstehen, warum sie im Bett lag und er sie trotzdem auf dem Bett sitzen sehen konnte. Er berührte sie, aber seine Hand ging durch ihren Körper hindurch. Er erschrak. Auf der einen Seite konnte er seine Frau im Bett liegen und schlafen sehen, auf der anderen Seite saß sie gut frisiert auf dem Bett um sich auf irgendetwas vorzubereiten. Für dieses Erlebnis konnte er keine Worte finden. Als er am Morgen seiner Frau von dem Erlebten in der Nacht berichtete, rief mich Manu gleich an und wollte wissen, ob so etwas tatsächlich möglich sei. Was sie nicht so richtig verstand, war die Tatsache, dass sie von ihrem nächtlichen Ausflug nichts mehr wusste, als sie am Morgen aufwachte.

Die Silberschnur ist das Band welches die Seele, den Astralkörper, mit dem physischen Körper verbindet. Die Silberschnur ist unterschiedlich dick. Manche behaupten, der Astralkörper verfüge über keine Silberschnur, sondern nur der Ätherkörper. Es kann aber auch sein, dass man sie nicht bemerkt, weil die Silberschnur mit dem Rücken oder der Fontanelle verbunden ist.

Ein junger Mann beschreibt den Austritt aus seinem Körper wie ein Loslösen von vielen Bändern im Inneren des Körpers. Es kann aber auch sein, dass sich diese Bänder zu einem einzigen langen Band, nämlich der Silberschnur, verbunden haben. Am Anfang war es schwierig für ihn seinen Körper zu verlassen, aber letztendlich wusste er ganz genau, was zu tun war und es bereitete ihm keine Schwierigkeiten mehr. Das Band beschrieb er als weiß bis silberfarben. Wenn er sich weiter als 50 m von seinem Körper entfernen wollte, spürte er plötzlich einen Ruck, wie ein Festhalten im Rükken, er hatte nun das Gefühl, dass er sich nicht mehr weiter von seinem Körper entfernen darf. Je weiter man sich von seinem Körper entfernt, um so dünner wird die Silberschnur. Menschen, die sich oft bewusst auf Astralreise begeben, sagen die Dicke der Silberschnur variiere zwischen 1 und 10 cm, je nach Entfernung vom physischen Körper.

Von Pater Pio weiß man, dass er sehr oft auf Astralreise war. Er war an zwei Orten anwesend, um seine Pflicht zu erfüllen oder den Menschen zu helfen. Diesen Zustand nennt man Bilokation, denn der Betreffende war in der Lage, mit anderen zu kommunizieren, was bei Astralreisen nicht möglich ist. Bei Astralreisen wird man zwar wahrgenommen, kann sich aber mit dem Betreffenden nicht verständigen, obwohl derjenige auf seiner Astralreise im Nachhinein das Gesehene und Gehörte wiedergeben kann. Es sei denn, die Astralreise ging in eine andere Sphäre, dann muss man wieder durch das Tor des Vergessens und die Erfahrung der Reise mag dem Betreffenden wie ein schöner Traum erscheinen. Engel begleiten kleine Kinder sehr oft mit auf die andere Seite. Die Kinder können ihre Engel noch sehr lange sehen. Deshalb schimpfen Sie ihr Kind nicht, wenn es Ihnen von schönen, unsichtbaren Wesen berichtet, sondern hören Sie sich an, was es zu erzählen hat, denn wir können sehr viel daraus lernen. Kleine Kinder sind noch lange mit Gott und seinen Helfern verbunden.

Die Bilokation ist die Fähigkeit bestimmter Personen, an zwei Orten tätig zu sein, wird auch von der Kirche anerkannt und als Phänomen einigen Menschen, meistens bereits heilig gesprochenen, zugeordnet. Bei diesen Personen ist der Wunsch derart groß, anderen Gutes zu tun, dass sie sich an zwei Orte begeben können. Sehr bekannt dadurch wurde ein Dominikaner aus Peru: Martin de Porres. Man konnte ihn bei der Arbeit im Kloster sehen und er war auch gleichzeitig bei den Armen im Krankenhaus, die seiner Hilfe bedurften. Auch Pater Pio, dem heiligen Antonius von Padua, dem Schweden Emanuel Swedenborg, dem indischen Guru Sathya Sai Baba und der französischen Lehrerin Emilie Sagée wurden diese Fähigkeiten nachgesagt und viele Wunder wurden auch von der Kirche anerkannt.

Pater Pio soll im Jahre 1918 dem italienischen General Cadorna das Leben gerettet haben. Nach einer verlorenen Schlacht mit sehr vielen toten Soldaten wollte sich der General das Leben nehmen. Er befahl seinen Wachen, auf keinen Fall gestört zu werden. Er schloss sich in seinem Zimmer ein und setzte sich gerade die Waffe an die Schläfe, als ein in eine Kutte gekleideter Mönch eintrat. Der Mönch hob den Finger und sagte zu dem General: „Na General, sie werden doch nicht eine Dummheit begehen!" Der General Cadorna hatte es seinen Wachen aber doch strengstens verboten Fremde in seine Gemächer eintreten zu lassen. Er zog sie dafür zur Rechenschaft und machte ihnen große Vorwürfe, da sie seinem Befehl nicht Folge geleistet hatten. Die Wächter aber schworen bei ihrem Leben, das sie niemanden gesehen hatten, noch nicht einmal ein Mäuschen hätte Eintritt in die Gemächer des Generals erhalten. Plötzlich wich der Zorn und die Wut des Generals und verwandelte sich in Erstaunen über diesen Vorfall. Seinen Berichten und der Beschreibung nach konnte es sich nur um den Franziskaner Pater Pio handeln. Er wollte Gewissheit und sein Wunsch war es ihn kennen zu lernen. Also reiste der General Cadorna inkognito nach San Giovanni Rotondo um Pater Pio zu sehen. Dort angekommen hieß es, das es unmöglich sei Pater Pio zu sprechen. Bitte, sagte der General, lassen Sie mich wenigstens von Weitem sehen, wie Pater Pio aussieht. Gut, sagte der Pater, bleiben Sie bitte hier im Korridor stehen, denn hier wird er vorbeikommen. Als die Mönche dann vorbei gingen, erkannte er sofort seinen nächtlichen Besucher. Pater Pio lächelte ihm zu und hob, genau wie an jenem Abend, seinen Finger. In diesem Moment wusste der General, es war Pater Pio, der ihn in dieser Nacht besuchte und ihn davor bewahrte eine Dummheit zu begehen.

Als Pater Pio gefragt wurde, ob er wisse, was sich in diesen Momenten zugetragen hat, wenn er seinen Körper verlässt, da antwortete er mit ja. Er sei sich der Situationen ganz bewusst, er wisse nur nie, ob er mit seinem Körper oder mit seinem Geist auf die Reise ginge.

Vor ein paar Tagen schrieb mir Edelgard, die meine E-Mail Adresse aus meinem Buch kannte. Sie berichtete mir, das sie sehr häufig zu Pater Pio betet, besonders in Notsituationen. Ihm zu Ehren machte sie eine Reise zu dem Wallfahrtsort von Pater Pio. Als sie vor seinem Bild stand und anfing zu beten, konnte sie sehen, wie das Bild von wunderbaren hellen, goldenen Strahlen umgeben war. Es war für sie ein Erlebnis, das sie niemals vergessen wird.

Das Karma

Der Begriff Karma - Sanskrit beschreibt den Einfluss, den die Bestimmung auf das Schicksal eines Menschen im gegenwärtigen Leben und in zukünftigen Geburten hat. Besonders im Buddhismus und Hinduismus ist das Wort Karma ein festverankerter Begriff. Das Schicksal eines Menschen soll, durch sein früheres Leben, verbunden mit seinen damaligen Taten, in seinem jetzigen Leben zum Ausdruck kommen. Ursache und Wirkung.

Meines Erachtens gibt es auch andere Gesichtspunkte zu dem Wort Karma. Gott vergeltet nicht Böses mit Bösem, denn das sagt das Wort Karma ebenfalls aus. Gott ist ein guter Gott, der uns Menschen liebt. Er hat uns einen freien Willen gegeben. Wir haben unser Leben selbst in der Hand und können unsere Entscheidungen selbst treffen. Entscheiden wir uns für die Liebe, dann wird uns auch viel Liebe wiederfahren. Entscheiden wir uns für Hass, Neid und Missgunst, dann wird uns auch das verfolgen. Es ist aber auch möglich, dass Sie voller

Liebe sind, und dennoch von anderen mit Hass und Neid verfolgt werden, weil Sie im Leben mehr erreicht haben. Sie wurden von Gott für ihren Fleiß und Mut belohnt, aber andere können damit nicht umgehen. Man sagt: „Nichts ist schärfer als das Schwert eines Bettlers der zum Kaiser wird!" Wenn wir uns einmal Gedanken über diese Worte machen, dann bedeutet dies, einem Menschen wird Macht gegeben und mit dieser Macht kann er nicht umgehen. Die Macht verändert sein ganzes Wesen, sein Leben und seine Gedanken. Negative Gedanken, verbunden mit Macht, können sehr viel Unglück auf unsere Welt bringen. Auch die Macht der Politiker führt zu viel Unrecht und zu grausamen Kriegen, in denen viele Menschen ihr Leben lassen müssen. Gehen Sie mit ihrer Macht und ihrem Erfolg überlegt um. Teilen Sie und lassen Sie andere Menschen, die nichts besitzen, ein wenig von ihrem Glück profitieren. Nehmen Sie ein Patenkind aus der dritten Welt in ihr Leben auf. Das Gute, was man anderen tut, kommt immer wieder zurück. Ich könnte ein Buch davon füllen, was ich für gute Taten alles zurück bekommen habe. Aber man soll auch nicht prahlen, dann ist es keine gute Tat mehr. Gute Taten geschehen im Stillen und nicht in der Öffentlichkeit. Versuchen Sie einmal danach zu leben und Sie werden sehen, es ist tatsächlich so.

Für mich heißt das Wort Karma nicht Schuld oder Vergeltung, sondern Karma bedeutet lernen, um zu Gott zu gelangen. Je mehr Steine auf unserem Lebensweg aufgehoben werden müssen, umso größer ist unser Lohn, wenn wir die Probleme vorbildlich lösen. Die grauen, irdischen Steine auf unserem Lebens- und Leidensweg werden sich im Jenseits in wunderbare, glänzende Edelsteine verwandeln. Sind Sie deshalb nicht traurig, wenn ihr Lebensweg nicht so einfach und rosig ist, Gott wird es Ihnen danken, wenn Sie ihm trotz der vielen Hürden treu ergeben waren und an ihn geglaubt haben.

Auch unsere Kinder müssen uns Eltern blind vertrauen, in dass was wir ihnen mit auf den Weg geben. Unsere Kinder verstehen oft den Sinn nicht, wenn wir sagen, du musst in die Schule, du musst dich fortbilden usw. Die Kinder, die uns von Gott anvertraut wurden, sehen es oft als lästigen Druck an. Aber im Prinzip ist es nur ein Lernprozess fürs Leben und die Ewigkeit.

Täglich kommen neue Dinge auf uns zu. Schöne, aber auch sehr viele unangenehme, die wir bewältigen müssen. Aus dem Geschehen, schöpfen wir aber auch Kraft. Das Wort Karma bedeutet, uns näher zu Gott zu entwickeln. Er stellt Anforderungen an uns, die wir bestehen müssen. Karma ist keine Strafe aus einem anderen Leben, sondern ein Weiterkommen zu Gott, dem Vater, der uns alle liebt.

Nun möchte ich trotzdem noch über etwas berichten, was mein Herz sehr berührt hat. Wir haben in Manila eine Tante, die Ordensschwester ist und die ich, mit meinem Freund, vor vielen Jahren besucht habe. Übernachten durften wir bei der Tante, Schwester Magdalena.

Nach diesem Besuch wollte ich nur noch helfen. Meine eigenen Probleme rückten in den Hintergrund, denn wenn ich jemals Armut gesehen hatte, dann in diesem Land. Sogar Südafrika, wo ich acht Jahre lebte, ist im Vergleich zu den Philippinen ein reiches Land. Eine Bekannte aus Deutschland bat mich, ihre Familie in Manila zu besuchen und gab mir fünfzig DM mit, um es ihrer Mutter zu geben. Wir nahmen uns ein Taxi, um zu der angegebenen Adresse zu gelangen. Der Fahrer fragte uns, ob diese Adresse nicht falsch sei, denn bald würde uns nichts Schönes mehr erwarten. Nun kämen wir in die Elendsviertel von Manila, die ein normaler Tourist in der Regel nicht zu sehen bekommt. Aber wir mussten ja das anvertraute Geld abgeben und waren richtig. Als wir ausstiegen, bot sich uns ein Bild des Grauens. Es gab keine Toiletten, keine Kanalisation. Wenn die Menschen ihren Bedürfnissen nachgehen mussten, dann setzten sie sich in einen Graben. Es stank furchtbar. In diesem Dreck spielten die Kinder und Tiere liefen ebenfalls darin herum. Als wir die Wellblechhütte der Familie betraten, sah ich, wie 10 Menschen in einem Raum leben mussten. Mein Herz schnürte sich regelrecht zu. In diesem Moment verspürte ich einen wahnsinnigen Schmerz und der Gedanke war geboren, eine Familie, die arm war, zu adoptieren. Ich konnte dieses Land nicht mehr verlassen, ohne etwas Positives getan zu haben. Anschließend berichtete ich Schwester Magdalena von diesem Erlebnis und sie sagte zu mir, wenn ihr wollt, dann könnt ihr morgen mit Schwester Bernadette zu den Smoky Mountains fahren. Ich ahnte, was auf mich zukam und steckte alles ein, was ich hatte und diesen Menschen geben wollte. Mein Koffer war bei der Rückreise nach Deutschland fast leer. Aber wir haben ja so viel und sie so wenig. Das Elend der Menschen auf diesem Kontinent ist wirklich nicht in Worte zu fassen und das momentane Gejammer in Deutschland kommt mir nach so einem Erlebnis nur lächerlich vor.

Wir hatten vor, einem Gottesdienst beizuwohnen. Smoky Mountains heißt übersetzt: rauchender Berg. Es ist die Müllhalde der Reichen, auf dem die Armen ihr Essen suchen. Was ich da sah, war entsetzlich, mir fehlen die Worte, es zu beschreiben. Die Menschen lebten tatsächlich bei den Müllhalden und die Kinder spielten auf den Müllbergen und lachten sogar noch dabei. Für sie war es Alltag. Schwester Bernadette und ich verteilten die Spenden der Menschen aus Deutschland und das Glück und der Dank der Kinder trieb mir die Tränen in die Augen. Dann besuchten wir den Gottesdienst. So etwas habe ich noch nie erlebt. Das Haus war alt und es war eigentlich das einzige Haus in der ganzen Gegend. Wir würden es eher als eine Garage bezeichnen. Der Altar war geschmückt mit alten Autoreifen, Blechdosen, Gläsern, eigentlich mit all dem, was man auf der Müllhalde finden konnte und was nichts kostet. Als der Gottesdienst begann und diese Menschen anfingen zu singen, stiegen mir Tränen der Rührung in die Augen, denn so einen herrlichen Gesang hatte ich bei uns in der Kirche noch nie vernommen. Es war, als würde ein Engelchor singen. In den Augen der Erwachsenen und der Kinder stand ein Strahlen, wie ich es noch nie zuvor gesehen hatte. Wie konnten diese Menschen trotz ihrer Armut so glücklich sein? Meine Probleme waren auf einmal ganz klein und ich verspürte nur noch das Gefühl des Dankes an unseren Schöpfer für all das, was wir haben. Zuerst muss uns das Gegenteil gezeigt werden, damit wir wieder dankbar sind mit dem, was wir haben. Nun war ich unter Menschen, die ganz arm waren, aber von denen so viel Wärme und so viel Liebe ausging, wie ich es in meiner Heimat noch nie erfahren hatte. Der Wohlstand hat unsere Herzen kalt gemacht. Wir sind eine ichbezogene Nation geworden. Als Besucher der Gemeinde bekamen wir von jedem Kind eine Blume geschenkt, es war ihre Art, Gäste zu begrüßen.

Ich hatte tatsächlich die Gelegenheit, eine Familie kennenzulernen, die ich noch heute, 15 Jahre später, finanziell unterstütze. Ich lernte die Familie bei einer Überfahrt auf einem Schiff kennen. Der Vater ist mittlerweile verstorben. Die Mutter ist sehr krank und in seinem letzten Brief schrieb mir der Sohn, dass sie von dem Geld, das ich geschickt habe, einen Sack Reis gekauft haben. In einem anderen Brief stand, dass sie sich ein paar Ferkel gekauft haben, die sie füttern und dann verkaufen möchten, damit sie davon leben können. Ein anderes Mal schrieb er, wir haben uns Küken gekauft, damit wir die Eier auf dem Markt verkaufen können.

Was würden wir mit dem Geld tun? Sicherlich ein neues Kleid oder Schuhe kaufen! Deshalb sehe ich es als meine Pflicht an, diesen Menschen zu helfen. Ich schreibe es nicht, um damit zu prahlen, das ist nicht meine Absicht. Mir kam nur der Gedanke, vielleicht wissen viele Menschen gar nicht, was am anderen Ende der Welt tatsächlich los ist. Auch ich wurde aus einem Dornröschenschlaf gerissen, als ich es selbst erlebt habe. Bitte tun Sie etwas Gutes, denn es kommt sicherlich wieder Gutes auf Sie zurück. Übernehmen Sie eine Patenschaft für Menschen in Not. Und vergessen Sie nicht, was uns Gott gelehrt hat: „Was ihr dem Geringsten meiner Brüder getan habt, das habt ihr mir getan!" Ich werde von niemandem bezahlt für diese Worte. Aber ich will, dass wir Verantwortung für Menschen übernehmen, die sich nicht selbst helfen können und unserer Hilfe bedürfen. Wir haben so viel und sie so wenig, helfen Sie ihnen.

Nun schreibe ich tatsächlich Dinge, über die ich nicht schreiben wollte, aber ich glaube es muss so sein. Wenn nur ein kleines Saatkorn in jemandem, der dieses Buch liest erwacht, hat sich das Schreiben über die Armut gelohnt. Vielleicht kann dadurch vielen Menschen, die hungern und in Not leben geholfen werden, weil es **Sie** gibt, die helfen! Zu diesem Thema möchte ich nur sagen: Ich bekomme wunderbare Briefe aus Manila und es rührt mich jedes Mal, wie dankbar die Menschen dort sind, für das Wenige, was ich für sie tun konnte.

Die Aura

Die Aura wird auch als das Licht und Energiefeld des Menschen bezeichnet. Die Auren sind lichtähnliche Strahlungserscheinungen, die einen Menschen umgeben. Im Lateinischen heißt Aura Lufthauch. Jede noch so kleine Veränderung im menschlichen Körper wird durch die Aura sichtbar gemacht. Geht es uns gut, ist unsere Aura hell und strahlend. Sind wir krank, gestresst oder stehen vor einer Prüfung, verändert sich die Aura zum Negativen. Jedes Lebewesen ist im Besitz einer Aura. Selbst Gliedmaßen, die ein Mensch bei einem Unfall verloren hat, verfügen noch immer über die Aura des entsprechenden Gliedes. Es besteht auch noch immer ein Phantomschmerz, das heißt, obwohl der Arm nicht mehr vorhanden ist, tut er weh. Besonders bei Menschen in Trauer ist die Aura gestört. Deshalb ist es auch so schwierig, in den ersten Monaten nach einem Trauerfall Kontakt zu dem Verstorbenen zu erhalten. Das wird erst nach einigen Monaten oder Jahren möglich, wenn Sie aus der ersten Trauerphase heraus sind.

Auch Pflanzen haben eine Aura. Zum ersten Mal gelang es Semjon und Valentina Kirlian im Jahre 1939 die Aura eines Menschen zu fotografieren. Diese Tatsache entstand nur durch einen Zufall, denn Kirlian berührte zufällig eine unter Strom stehende Elektrode und stellte dabei fest, dass von seiner Hand ein heller Lichtblitz ausging. Er fing nun an, mit seiner Hand zu experimentieren, denn er wollte wissen, was dies zu bedeuten hatte. Er hielt seine Hand hinter ein Blatt mit lichtempfindlichem Papier und machte davon ein paar Aufnahmen. Er war verwundert, als er feststellen musste, dass nach der Entwicklung der Bilder um seine Hand lauter helle Strahlen waren. Er war von dieser Thematik so fasziniert, dass er anfing, sich mehr dafür zu interessieren und zu forschen. Er stellte dabei fest, dass auch Pflanzen, wenn sie gesund waren, von diesen Strahlen umgeben waren. Diese Entdeckung sorgte für sehr viel Zündstoff. Einige fühlten sich bestätigt, dass es einen Astralkörper gibt, denn dieser Körper ist der Körper, der uns das ewige Leben verleiht und niemals stirbt. Andere aber dachten, Kirlian sei ein Spinner, der die Welt zum Narren hält. Aber diese Strahlen waren bei allen Menschen sichtbar und Wissenschaftler haben keine genaue Erklärung dafür. Kirlian machte den Versuch mit einem Rosenblatt. Zuerst fotografierte er das vollständige Blatt. Es war umgeben von hellen Lichtstrahlen. Dann riss er einen Teil des Rosenblattes ab und trotzdem strahlte das Blatt in seiner ursprünglichen Größe weiter. Man nannte es den Phantomblatteffekt. Bei Experimenten mit einem kranken Blumenblatt wurde festgestellt, dass die Strahlung um das Blütenblatt ausblieb. Man könnte mit Hochspannungsfotografien Krankheiten feststellen, bevor der Körper Symptome aufzeigt. Nach all diesen Ergebnissen konnten viele Menschen überzeugt werden, dass es tatsächlich einen Astralkörper geben muss. Denn alle Lebewesen zeigen auf Fotos die hellen Strahlen auf.

Der russische Forscher Dr. Viktor Injuschin forschte weiter auf dem Gebiet der Kirlian-Fotografie und kam zu dem Ergebnis, dass alles, was auf der Erde lebt, einen Astralkörper besitzt, der unverwüstlich ist. Noch heute ist die russische Forschung auf diesem Gebiet sehr weit fortgeschritten. Sie waren die ersten, die Fotos machten, wie die Seele eines Verstorbenen den Körper verlässt. Bemerkenswert war, dass bei Menschen, die sich bewusst waren, bald sterben zu müssen, sich die Seele schneller aus dem Körper entfernte, als bei einem Menschen, der eines plötzlichen Todes starb und auf seinen Tod nicht vorbereitet war. Seine Seele verweilte länger in seinem Körper, weil der Tod unerwartet und plötzlich kam.

Von einer Bekannten sah ich eine Fotografie ihrer Aura. Das Foto hat mich sehr fasziniert. Es war wunderbar leuchtend hell und zwischen ihrer Aura war nochmals ein leuchtender Lichtstrahl zu sehen. Sie zeigte mir ein anderes bemerkenswertes Foto. Auf dem Foto konnte man mitten in der Landschaft eine ganz helle, goldene Lichtquelle erkennen. Ich fragte sie, was dies zu bedeuten hat. War es beim Entwickeln passiert? wollte ich wissen. Sie berichtete mir, dass sie mit ihrer Familie beim Wandern war. Plötzlich konnte sie einen ganz hellen goldenen Strahl vor sich erkennen. Sie rief ihrer Tochter zu: „Schau her, siehst du diesen goldenen, hellen Lichtstrahl?" Die Tochter sagte nur: „Mama, du wirst langsam alt." Sie nahm daraufhin einen Fotoapparat und wollte wissen, ob man das helle Licht auf dem Foto erkennen konnte. Und tatsächlich, als die Bilder dann entwickelt waren, hat niemand mehr über sie gelacht, sondern alle waren fasziniert. Der goldene Lichtstrahl war tatsächlich auf dem Foto sichtbar. Das heißt natürlich auch, dass nicht alle Menschen hellsichtig sind und etwas sehen können. Deshalb lachen Sie über niemanden, denn es gibt viele Menschen, die tatsächlich diese Eigenschaft besitzen und hellsehen, hören oder fühlen können. Nennen Sie es auch Geschenke aus dem Jenseits. Ich durfte bis jetzt alles erleben, aber sicher nur, weil ich es an Sie weitergeben soll.

Im Jahre 1887 entdeckte der serbische Physiker Nikola Tesla in den USA eine ähnliche Methode.

Wenn die Seele Trauer trägt

Besonders in den Monaten November, also wenn die ersten Nebel aufsteigen und die Tage kürzer, dunkel und trüber werden, schleicht sich bei den meisten Menschen das Gefühl der Trauer ein. Noch viel schlimmer ist dieses Gefühl, wenn man tatsächlich jemanden, den man sehr liebt, verloren hat. Als ich in meinem Engelseminar, das ich gegeben habe, mit zwei Schwestern zusammen kam, war ich von deren Schicksal sehr gerührt. Innerhalb von vier Monaten haben beide drei Menschen verloren, die sie sehr lieben. Für mich stand nur noch im Vordergrund diesen Frauen zu helfen. Wir fingen mit dem Seminar gegen 19:30 Uhr an und waren morgens um 1 Uhr noch nicht fertig. Unser Gespräch über Engel wurde nur am Rande gestreift und alles drehte sich um die Erlebnisse mit Verstorbenen. Es war wirklich wunderbar, was einigen von uns bereits Schönes mit den Verstorbenen passiert war. Als wir uns dann am frühen Morgen trennten, ging es den beiden Schwestern wieder sehr gut. Zuerst kamen sie mit Tränen in den Augen zu mir, sie verließen mich wieder mit einem Lächeln. Sie sagten zu mir: „Das ist der erste Tag, seit dem schlimmen Geschehen, an dem wir uns wieder besser fühlen." Ich dankte Gott und den Engeln für die Worte, die sie mir in genau dem richtigen Moment gegeben hatten. Diese Worte haben den beiden Frauen sehr viel geholfen. Von diesem Tag an habe ich mich entschlossen, jeden zweiten Monat so ein Seminar zu veranstalten. Denn wenn es nur einem einzigen Menschen hilft, dann hat es sich bereits gelohnt.

Mit unseren Gedanken können wir Gutes und Schlechtes bewirken. Wenn sich ein Mensch tagtäglich einredet er sei krank, dann wird er letztlich auch krank. Negative Gedanken schwächen das Immunsystem. Wenn ein kranker Mensch ganz intensiv glaubt, dass er bald wieder gesund wird, dann wird er auch wieder gesund. Die Kraft der Gedanken kann sehr viel in uns und unserem Umfeld bewirken. Auch der Glaube hat einen großen Einfluss auf unsere Gesundheit. So werden gläubige Menschen schneller gesund als ungläubige.

Heute möchte ich Ihnen ein kleines Beispiel aufschreiben, das sich tatsächlich so zugetragen hat. Es zeigt Ihnen, wie stark die Macht der Gedanken tatsächlich ist.

Ein Lehrer war immer sehr streng zu seinen Schülern. Vor allem aber war er bekannt dafür, das er seinen Schülern pausenlos Angst machte, sie würden ihr Abitur nicht bestehen. Ständig sagte er, das könnt ihr nicht, ihr seid zu dumm, das schafft ihr nicht, mehr als die Hälfte von euch wird den Schulabschluss nicht schaffen. Und tatsächlich hatte dieser Lehrer die höchste Versager-quote an der Schule. Aber wer war nun wirklich der Versager? Der Lehrer oder die Schüler? Irgendwann wurde der Lehrer darauf aufmerksam gemacht, es mal mit Lob anstatt mit Tadel und negativen Gedanken zu versuchen. Und tatsächlich, er änderte seine Strategie. Gleich am ersten Schultag erklärte er seinen neuen Schülern wie schwierig die Abschlussprüfung sei, aber alle die in seiner Klasse seien, wären wunderbare, intelligente, fleißige Schüler und er sei sicher, alle werden die Prüfung bestehen. Er glaubte selbst nicht an seine Worte, aber er folgte dem Rat eines Psychologen. Es handelte sich um ein Experiment, an dessen Erfolg er selbst nicht glauben wollte. Als dann die Prüfung nahte, motivierte er seine Schüler fast täglich. Das Unglaubliche geschah, obwohl er es nie für möglich gehalten hätte. Jeder seiner Schüler hatte die Prüfung bestanden. Durch die Kraft der Worte werden die Gedanken des Menschen positiv oder negativ beeinflusst, d. h. wenn jemand sagt, das schaffe ich, dann wird er es auch schaffen. Wenn

Sie aber ständig jemandem sagen, er ist zu dumm, dann glaubt er es auch und wird versagen. Er hat es ja oft genug gehört, warum sollte er sich dann noch Mühe geben, er kann es ja nicht.

Aus dieser Sache sollten wir lernen. Loben Sie ihre Kinder. Senden Sie positive Gedanken und Liebe aus. Wenn Sie dies tun, dann ist in ihrem Leben alles viel einfacher. Verzweifeln Sie nicht an ihrer Trauer. Gott wird Ihnen nie mehr Leid schicken, als Sie ertragen können. Er wird Ihnen aber auch Menschen und seine Engel schicken, die Sie in ihrer Trauer unterstützen werden.

Eine Depression ist eine schlimme Krankheit, besonders dann, wenn der Mensch aus seinem Tief nicht mehr alleine herauskommt und Hilfe benötigt. Wie äußern sich Depressionen und warum treten sie auf? Bei Depressionen ist man müde und erschöpft, man möchte nur noch schlafen und morgens nicht mehr aufstehen. Man leidet ohne ersichtlichen Grund unter Angstvorstellungen und hat ganz plötzlich Angst, bestimmte Dinge zu tun. Auch solche, die vorher Freude bereitet haben, wie Autofahren, Fliegen, Einkaufen, Konzerte besuchen, in Urlaub fahren usw. Während einer Depression ist vieles möglich. Schlafstörungen treten auf, man hat entweder zu viel Schlafbedarf oder zu wenig. Man leidet unter Antriebs- und Interesselosigkeit. Viele Menschen mit Depressionen laufen nur noch im Schlafanzug herum, machen sich nicht mehr schick, gehen nicht mehr weg, auch nicht mehr mit der besten Freundin. Bei einigen Menschen ist die Depression so stark ausgeprägt, dass sie nicht mehr arbeiten können. Sie können sich nicht mehr auf die Arbeit konzentrieren, sie machen alles falsch und dies ist ein Teufelskreis, denn nun bekommen sie noch Probleme mit Kollegen oder dem Chef. Schuldgefühle können auftreten, beim Tod eines geliebten Menschen, man fragt immer wieder, warum musste er und nicht ich sterben? Viele Menschen leiden unter Appetitlosigkeit einhergehend mit Gewichtsverlust.

Die schlimmste Depression ist, wenn der Betreffende nicht mehr leben möchte. In diesem Moment ist äußerste Vorsicht geboten. In diesem Zustand sollte man niemanden alleine lassen und es ist dringend ärztliche Hilfe erforderlich. Depressive Menschen sind nicht mehr in der Lage, ihre negative Gedanken ohne die Hilfe anderer zu ändern. Ihr Leben ist nur noch düster und negativ.

Die häufigsten Verursacher von Depressionen sind der Verlust eines geliebten Menschen, Dauerstress, Trennung von einem geliebten Partner, der Verlust des Arbeitsplatzes, Mobbing am Arbeitsplatz, Viruserkrankungen, Erbfaktoren, Unfälle oder ein Gehirntumor. Was mir in der letzten Zeit allerdings auffiel, war dass die meisten Menschen, die ich persönlich kannte und die an einer Depression erkrankt waren, vorher eine Diät gemacht haben. Deshalb ist anzunehmen, dass die Nichteinnahme gewisser Vitamine besonders B6, B12 zu einer Mangelerscheinung führt und eine Depression verursachen kann. Eine Depression kann der Auslöser sehr vieler anderer Krankheiten sein. Auch ich bin nach der Geburt meiner Tochter an einer Depression erkrankt. Es kommt häufiger vor als man annimmt, dass man nach der Geburt eines Kindes eine Depression bekommt. Die Hormone sind nicht mehr im Gleichgewicht und ich litt unter einer Überfunktion der Schilddrüse. Es war ein sehr schwieriger Weg aus dieser grauen Welt wieder herauszukommen. Ich muss aber ehrlich dazu sagen, dass mir die Beruhigungsmittel, Antidepressiva und Betablocker nicht geholfen haben, die ich vom Arzt bekam, um wieder gesund zu werden. Im Gegenteil, ich wurde abhängig von diesen Medikamenten und es war für mich eine schmerzliche Erfahrung, aus diesem Dilemma wieder heraus zu kommen. Heute sind die Therapien viel besser als vor 30 Jahren, vor allem darf man sich nicht auf andere verlassen, sondern muss mit sehr viel Wille und Disziplin selbst an seiner Heilung mitarbeiten. Vor ein paar Wochen bekam ich einen Brief von einem Mann, der depressiv wurde aufgrund seiner äußeren Lebensumstände. Er schrieb mir, er sei sehr unglücklich in seinem Leben und wegen seiner Krankheit berufsunfähig. Ich schrieb ihm, dass er zuerst dafür sorgen müsse, alles was ihn belastet, loszuwerden. Der größte Fehler sei zu Hause ohne Arbeit zu sitzen, denn ohne Arbeit würde er sein Selbstwertgefühl verlieren. Nur die Arbeit hat mir wieder aus dem Tal der Tränen geholfen. Ich möchte Ihnen sagen, was mir tatsächlich eine große Hilfe war und ich hoffe, dass auch Sie davon profitieren können.

Der schlimmste Kampf war das Absetzten der Beruhigungsmittel. Ich habe mir gesagt, ab sofort nehme ich diese Tabletten nur noch, wenn es akut wird. Es war genauso schlimm wie mit dem Rauchen aufzuhören. Ich hatte diese Tabletten immer in der Tasche, aber ich versuchte sie nur dann zu nehmen, wenn ich das Gefühl hatte, nun geht es wirklich nicht mehr. Dann nahm ich aber nur eine halbe Tablette. Das ist jetzt schon 28 Jahre her und ich benötige so etwas nicht mehr. Ich bekam auch nie wieder eine Depression, obwohl mein Leben nicht einfach verlaufen ist. Die größte Hilfe hatte ich in meinem Glauben. Ich besuchte Wallfahrtsorte und betete sehr viel. Dann fing ich an mit Selbsthypnose und Akupunktur. Bei der Selbsthypnose überzeugen Sie sich selbst, dass Sie etwas wert sind. Wenn Sie jeden Tag mehrmals sagen: „Ich bin stark, ich schaffe das, ich werde wieder gesund, ich habe keine Angst", dann werden Sie auch wieder gesund. Sie können diese Sätze auch anders formulieren. Sie müssen sich ablenken, versuchen Sie nicht mehr an ihre Krankheit zu denken, sondern an ihre Gesundheit, ihre Stärken, ihre positiven Eigenschaften. Lassen Sie sich auch von niemandem einreden, Sie sind nichts wert. Sie sind genauso viel wert, wie ein Bundeskanzler oder ein Bankdirektor. **Sie sind ein Kind Gottes das ein Recht hat, auf der Welt zu sein und das auch ein Recht hat, geliebt zu werden.** Überdenken Sie ihre Lebenssituation, vielleicht haben Sie den falschen Partner/in oder den falschen Beruf. Im Prinzip weiß jeder selbst was einem fehlt, aber man gibt es nicht zu. Bis es zu spät ist. Aber es ist nie zu spät! Ändern Sie ihr Leben, suchen Sie sich neue Freunde, neue Interessen, einen neuen Arbeitsplatz. Ich habe sehr viel gearbeitet um mich abzulenken. Als meine Depression am Schlimmsten war, wurde ich mit der Leitung von 15 Mitarbeiterinnen betraut. Alle haben mich bewundert, da ich noch so jung war und eine Führungsposition inne hatte. Keine der Frauen wusste, wie es in mir aussah und wie mir zumute war. Jeden Morgen musste ich kämpfen, ohne Tabletten durch den Tag zu kommen. Ich habe es damals geschafft und Sie werden es auch schaffen!

Ein Arzt erklärte mir damals, warum so viele Menschen Depressionen haben. Er sagte: „Nur feinfühlige, intelligente Menschen bekommen Depressionen. Ein dummer Mensch regt sich über nichts und niemanden auf, er ist gleichgültig. Aber Sie haben das Glück, dass Sie sich noch an der Natur erfreuen, an Blumen, an Tieren usw. Das macht Sie anders als andere. Aber deshalb sind Sie auch sanfter als andere Menschen und schneller traurig, wenn etwas in ihrem Leben passiert, z. B. ein Trauerfall oder Streitigkeiten. Sie leiden auch mit anderen Menschen mit. Das macht Sie als Mensch so wertvoll. Depressionen sind eine Erkrankung der Neuzeit. Während des Krieges war man so beschäftigt ums Überleben zu kämpfen, dass man keine Zeit hatte, eine Depression zu bekommen." Seine Worte habe ich mir damals sehr gut gemerkt. Vor allem die Worte: „Früher hatte man keine Zeit, eine Depression zu bekommen", deshalb habe ich mein Leben mit ganz viel Arbeit gefüllt, das hat mir sehr geholfen.

Es gibt heute sehr viele gute Medikamente auf Pflanzenbasis, die Sie unterstützen aus dem Tief wieder heraus zu kommen. Sprechen Sie mit ihrem Arzt. Auch gesunde Ernährung ist ein wichtiger Schritt bei der Bekämpfung einer Depression. Essen Sie viele Nüsse, Gemüse und auch etwas Schokolade. Treiben Sie Sport, gehen Sie in die freie Natur, frische Luft tut Ihnen gut. Atmen Sie tief ein und aus, damit ihre Zellen viel Sauerstoff erhalten. Nehmen Sie Kontakt mit ihrem Unterbewusstsein auf, denn ihr Körper möchte Sie darauf aufmerksam machen, dass er es nicht mehr hinnimmt, was Sie ihm alles zugemutet haben. Ihr Körper wehrt sich. Sehen Sie es nicht als Unglück an, sondern als Chance für einen Neuanfang. Es kann auch ein Geschenk von Gott sein, denn sonst würden Sie ihr Leben niemals ändern. Auch ich habe damals mein Leben geändert. Alles was Sie ihrem Körper angetan haben, rächt sich mit einem Mal, er wehrt sich und lässt es sich nicht mehr gefallen. Der Stress den Sie ihrem Körper antun, würde nie aufhören, würde er Ihnen nicht ein Zeichen geben. Krankheiten haben auch einen Grund zu erfüllen. Achten Sie auf sich! Wer ständig sagt, „ich bin sehr krank", der zieht krankmachende Gedanken an. Es dauert dann nicht lange, bis sich aus der gedanklichen Vorstellung eine Krankheit manifestiert. Da wir alle ein Teil Gottes sind und der göttliche Funke in uns lebt, können wir durch die Kraft der Gedanken das Positive wie das Negative herbeidenken. Jeder menschliche Gedanke hat Schöpferkraft.

Ein ganz großer Helfer bei Krankheiten ist der Erzengel Raphael. Sein Name bedeutet „Gott heilt". Man nennt ihn auch Engel der Sonne und Engel des Wissens. Rufen Sie ihn, wenn Sie körperlich und seelisch krank sind und seine Hilfe benötigen. Die Engel lieben es, gebraucht zu werden. Raphael ist auch der Schutzpatron der Blinden und steht für die Sehkraft, Vision und Wahrheit. Er unterstützt Ärzte, Krankenschwestern, Heiler und Heilpraktiker bei der Arbeit. Man sagt, er sei im Besitz eines Buches in dem alle Medikamente stehen. Er hilft uns mit Arzneien umzugehen, denn gegen jede Krankheit hat Gott ein Kraut wachsen lassen. Er segnet alle, die Leidenden helfen.

Eine große Hilfe in meinem täglichen Leben ist der Gottesdienst von Dr. Robert Schuller, der jeden Sonntag im Deutschen Fernsehen auf Vox ausgestrahlt wird. Einen der Briefe, die man mir monatlich zuschickt habe ich Ihnen kopiert, damit auch Sie sagen: „Gott liebt mich und Dich auch und ich bin etwas Besonderes!"

Liebe „Hour of Power" Freunde, liebe Marlene!

Vor kurzem unterhielt ich mich mit einer Lehrerin, die in einer dritten Klasse unterrichtet. Sie erzählte mir folgende Geschichte: „Neulich bat ich meine Schüler, mit mir zusammen den Satz zu sprechen: ‚Ich bin etwas Besonderes! Alle miteinander, eins, zwei, drei, los!' Eine einzige einsame Stimme war in dem Klassenraum zu hören. Nicht einer wollte mir diesen einfachen Satz nachsprechen. Ich ermutigte sie noch einmal, aber wieder geschah nichts. Schließlich fragte ich jeden einzelnen Schüler, warum er diesen Satz nicht aussprechen wolle. Die Antwort darauf lautete einhellig: Sie glaubten ihn einfach nicht. Sehen Sie, Dr. Schuller, die meisten dieser Kinder kommen aus einem schlimmen Milieu, in dem vieles in die Brüche gegangen ist. Bei den meisten von ihnen fehlt ein Elternteil, und viele haben Eltern oder Geschwister, die in Drogen, Alkohol oder Unmoral verstrickt sind, die sich zum Teil vor den Augen dieser Kleinen abspielt. Sie können nicht glauben, dass irgendetwas, das mit ihnen oder ihrer Welt zu tun hat, etwas Gutes oder Besonderes sein könnte." Wenn Sie Jesus kennen lernen, werden Sie erfahren, dass Sie wertvoll sind. Weihnachten bedeutet: Du bist geliebt! Du bist etwas Besonderes! Gott ist auf diese Erde gekommen, um dir zu zeigen, dass du sein Kind bist. Ich bin etwas Besonderes. Weil Gott mich liebt, kann auch ich mich lieben. Sprechen Sie sich diese frohe Bestätigung jeden Morgen selbst vor dem Spiegel zu!

Gott liebt Sie, und ich auch!

Dr. Robert H. Schuller

Die Jenseitigen lieben uns

Wir halten die Türen fest verschlossen, damit sich unsere Verstorbenen nach ihrem Tod nicht bei uns bemerkbar machen können. Wir sind so sehr mit unserer Trauer beschäftigt, dass wir die Zeichen, die uns die Verstorbenen senden, nicht sehen können. Oder wollen wir es nicht sehen? Wurden wir überhaupt über den Tod richtig aufgeklärt? Vergessen Sie einfach, dass nach dem Tod nichts mehr ist, dass Sie nichts mehr sehen, nichts mehr fühlen, nichts mehr hören, also mausetot sind! Die Verstorbenen sind lebendiger als wir. Sie besuchen uns ständig, geben uns Zeichen, aber wir, mit unserer Kleingläubigkeit und Moral, können es einfach nicht glauben.

In der Bibel heißt es zwar: „Ich bin die Wahrheit, die Auferstehung und das ewige Leben. Wer an mich glaubt, der wird immer leben!" Wir alle haben einen Glauben, aber trotzdem glauben wir nur, was wir sehen. Die Verstorbenen können uns sehen und uns hören, aber wir, die wir noch in unserem plumpen Körper sind, besitzen diese Gabe nicht. Erst wenn auch wir diesen Körper abgelegt haben, verfügen wir über dieses Phänomen. Dann können Gelähmte wieder gehen, Blinde wieder sehen, Menschen mit geistigen Behinderungen wieder denken und kranke und gebrechliche Menschen sind wieder gesund. Ist das nicht wunderbar? Und wir glauben es einfach nicht. Wir erschweren uns unser Dasein unnötig. Viele Verstorbene, die sich durch ein Medium verständigen, klagen, dass sie sich ständig bei den Hinterbliebenen bemerkbar machen, aber leider, nicht wahrgenommen werden. Es fällt ihnen auf der anderen Seite sehr schwer damit umzugehen. Letztlich geben die Jenseitigen es auf, mit ihren Lieben in Kontakt zu kommen. Meine Frage an Sie, würden Sie täglich jemanden anrufen, wenn sie genau wissen, sie versuchen es schon seit Monaten, aber er oder sie nimmt den Hörer ja gar nicht ab? So ist es auch bei den Jenseitigen. Es kostet sie nämlich sehr viel Energie, sich bei uns bemerkbar zu machen. Oftmals benötigen sie auch die Kraft und Hilfe von anderen Jenseitigen, um uns zu zeigen, hier bin ich, mir geht es gut. Die Jenseitigen versuchen auch, unser Leben positiv zu beeinflussen. Viele Dinge wenden sich ganz plötzlich zum Positiven, obwohl sie vorher aussichtslos erschienen. Unsere Verstorbenen lieben uns und wir können sie gedanklich herbeirufen, indem wir ihren Namen sagen und uns mit ihnen unterhalten. Viele von uns können sie bereits fühlen, einige können sie auch manchmal sehen, besonders Menschen, denen bereits die Gabe gegeben wurde, zeitweise auf höheren Bewusstseinsebenen einen

Einblick zu erhalten. Behalten Sie nichts für sich, was Sie Schönes mit der geistigen Welt erlebt haben, denn es ist ein Geschenk Gottes und das sollten Sie an andere Menschen weitergeben. Manche Menschen, auch gute Freunde, werden Sie ungläubig ansehen oder auch an ihrem Verstand zweifeln, aber das Verständnis für diese Dinge wird immer mehr Menschen erreichen.

Beten Sie für die Verstorbenen und danken Sie der göttlichen Familie und den Engeln für die Gnade, hier sein zu dürfen, denn unser Erdenleben ist eine Schule und eine weitere Vorbereitung auf das jenseitige Leben. Wenn wir geboren werden, müssen wir noch etwas lernen, um in der jenseitigen Welt eine höhere Stufe zu erlangen. Unsere Seele sucht sich seine Eltern und sein Schicksal selbst aus um zu lernen. Wir werden auf der Erde auch immer mit Menschen zusammenkommen, die für uns auf unserem irdischen Lebensweg wichtig und eine große Hilfe sind. Es sind auch sehr oft Seelenverwandte, das heißt, ohne es zu wissen, sind wir auch im Jenseits miteinander zusammen. Hatten Sie bei einer Begegnung mit bestimmten Menschen auch schon das Gefühl, den Betreffenden bereits ewig zu kennen?

Wenn wir wiedergeboren werden, müssen wir durch das Tor des Vergessens. Alles was wir im Jenseits erlebt haben, wird gedanklich ausgelöscht. Wäre dies nicht der Fall, hätten wir alle den Wunsch, sofort wieder zurückzukehren, zurück zu den Menschen-Seelen, die wir über alles lieben.

Eine meiner Freundinnen erzählte mir, dass sie in ständiger Angst lebe, bald sterben zu müssen. Allein dieser Gedanke mache sie derart krank, das sie an gar nichts anderes mehr denken könne. Bei ihr stellten sich sogar Depressionen ein. Nach sehr vielen langen

Gesprächen konnte ich sie davon überzeugen, dass ihre Angst total unbegründet ist. Sie hat es verstanden und kann jetzt wieder ein schönes, angstfreies Leben führen. Aber auch mir ist es so ergangen, nachdem ich meinen Vater verloren hatte. Er verstarb sehr jung an einer ungeklärten Todesursache, ich konnte mich deshalb auch nicht von ihm verabschieden. Anschließend konnte ich nur noch an den Tod denken. Dieses für mich furchtbare Wort verfolgte mich Tag für Tag, ja ich träumte sogar ständig von meinem eigenen Tod und ich war erst 28 Jahre alt. Deshalb entschloss ich mich, etwas dagegen zu tun. Ich kaufte mir Bücher über das Sterben, den Tod, über Engel und musste feststellen, je mehr ich über das Thema las, umso mehr wurde mir von der anderen Seite gezeigt. Ich wurde von den Jenseitigen aufgeklärt. Es sind ganz viele wunderbare Dinge in meinem Leben geschehen, die mein Leben sehr bereichert haben und die mir die Kraft gaben, mit dem Tod normal umzugehen. Ich habe für meine Bücher sehr viel mit klinisch Toten gesprochen und alle bestätigten mir: „Es ist ein herrliches Gefühl auf der anderen Seite zu sein!" Wovor haben wir also Angst? Die Menschen werden immer offener für dieses Thema, denn wir sind ja viel länger im Jenseits als im Diesseits. Für jede Reise, die wir antreten, bereiten wir uns gründlich vor, ich weiß es deshalb, weil ich vorher Reiseführer geschrieben habe. Nur für die Heimreise zu Gott unserem Schöpfer möchten wir keine Vorbereitungen treffen. Aber wir müssen doch wissen, was uns dort erwartet. Das möchten wir doch auch wissen, wenn wir vor haben, unseren Urlaub in einem fremden Land zu verbringen. Bereiten auch Sie sich vor auf die schönste Reise, die uns allen irgendwann einmal bevorsteht. Nämlich auf die Heimreise zu Gott und den Menschen, die wir lieben und mit denen wir im Unterbewusstsein immer verbunden waren.

Mein Papa, der am 31.01.1984 verstorben ist

Nahtoderfahrungen

Vor ein paar Wochen erhielt ich einen Anruf von meiner Tante. Das erste was Sie nach der Begrüßung zu mir sagte, war: „Marlene, ich habe das Licht gesehen! Ich war tot und habe das Licht gesehen." Sie wusste damals nichts von meinem Buch und ich sagte zu ihr: „Warum erzählst du mir das erst jetzt, mein Buch über die Nahtod-erfahrungen ist ja bereits gedruckt. Deshalb schreibe ich heute noch einmal über dieses Thema, obwohl ich es in dem Buch „Engel und die Verstorbenen sind unter uns" bereits ausführlich beschrieben habe.

Ich wusste, dass meine Tante des öfteren schwere Asthmaanfälle hat. Ich konnte es bereits mit eigenen Augen erleben, es war jedes Mal furchtbar. Jede Aufregung konnte bei ihr zu einem Asthmaanfall führen und das könnte ihr Tod sein. Beim letzten Mal war der Anfall so schlimm, dass sie vom Notarzt direkt ins Krankenhaus eingeliefert werden musste. Sie wurde bereits im Krankenwagen wiederbelebt. In der Klinik angekommen, erlangte sie wieder das Bewusstsein, ihre Kinder wurden informiert und saßen bei ihr am Krankenbett. Aber dann bekam sie plötzlich wieder einen schlimmen Anfall und konnte dabei spüren, wie sie ganz plötzlich durch einen dunklen Tunnel aus dem Körper herausgeschleudert wurde. Plötzlich sah sie ihre Kinder unter sich am Krankenlager sitzen und sie weinten. Der Sohn rief sofort nach einem Arzt, aber dieser konnte nur noch den Tod feststellen. Sie aber wurde wie von einem Magnet ins Licht gezogen. Sie war nicht traurig, sie empfand nur Licht, Liebe und Wärme. Als der Sohn merkte, dass seine Mutter tot war, schrie er ganz laut: „Mama, komm bitte wieder zurück, komm wieder zurück, lass mich nicht alleine, ich brauche dich!" Sie konnte den Schrei ihres Sohnes so laut hören, das sie abrupt innehielt und sagte: „Bitte, lieber Gott, schick mich wieder zurück, denn mein Sohn braucht mich noch." Sie hatte immer ein sehr inniges Verhältnis zu ihrem Sohn, er hatte nie geheiratet und sie sorgte sich sehr um ihn. Gott hat ihr diesen Wunsch erfüllt, sie durfte wieder auf die Erde zurück. Nach diesem schönen Erlebnis hatte sie keine Angst mehr vor dem Tod, für sie war es eine wunderbare Erfahrung. Nur die Liebe zu ihren Kindern und die Gnade Gottes hat sie wieder zurückgebracht.

Ein junges Mädchen ging mit ihrem älteren Bruder im Sommer zum Schwimmen. Er sollte auf das Mädchen aufpassen. Was dann aber passierte, konnte niemand vorausahnen. Beim Tauchen geriet das Mädchen mit ihrem langen Haar in das Ansaugrohr des Schwimmbeckens. Es war für sie alleine unmöglich sich zu befreien, obwohl sie eine sehr gute Schwimmerin war. Ihr war klar, dass sie nun sterben müsse, wenn nicht bald jemand zu Hilfe käme. Bevor sie in Ohnmacht fiel, kniff sie noch einem anderen Mädchen, das an ihr vorbei schwamm ins Bein, um auf sich aufmerksam zu machen. Als das Mädchen bemerkte was geschehen war, rief sie sofort Retter herbei. Ihr Bruder, der ganz in der Nähe war und den Unfall erst bemerkte, als das Mädchen nach Hilfe rief, suchte sofort nach einem Messer oder einer Schere, um die eingesogenen Haare abzuschneiden. Das Mädchen spürte bereits, wie ganz langsam alles Leben aus ihrem Körper wich. Sie hatte ein Gefühl von Wärme und Liebe um sich herum wahrgenommen. Auf einmal konnte sie ihren bereits verstorbenen Bruder sehen und hörte, wie er sagte: „Du musst wieder zurück, die Mama braucht dich, denn ein zweites Mal könnte sie das nicht verkraften. Du wirst es auch schaffen." Und tatsächlich, sie wurde gerettet. Ihrem Bruder gelang es, ihre Haare abzuschneiden und sie aus dem Wasser zu ziehen. Von einigen Helfern vor Ort wurde sie reanimiert. Sie musste weiterleben, für ihre Mutter, die bereits sehr verzweifelt war, weil sie schon ein Kind verloren hatte.

Gott hat der Mutter das Kind ein zweites Mal geschenkt. Er wusste um ihr schlimmes Leid, das sie durchstehen musste, da sie bereits ein Kind verloren hatte. Gott ist gütig. Er ist nicht der große Rächer mit dem Schwert, der alles vernichtet. Er gab uns allen einen freien Willen, für das Gute, wie für das Böse. Am Ende wird nicht er uns strafen, sondern wir strafen uns selbst. Wir selbst werden es sein, die mit sich ins Gericht gehen. Gott ist ein liebender Gott, der alle seine Kinder liebt. Seine Kinder sind wir. Leider sehen wir den Tod als Strafe, aber er ist ja keine Strafe, sondern er ist die Befreiung aus einem plumpen, schweren, manchmal auch kranken Körper. Glauben Sie etwa, das 30 oder 90 Jahre auf dieser Welt alles gewesen sein sollen? Das sind nur Sekunden unseres ewig währenden Lebens. Freuen Sie sich auf die Zukunft bei Gott und mit all unseren Lieben auf der anderen Seite. Trauern Sie nicht, wenn Sie einen lieben Menschen verloren haben, denn es geht ihm gut. Besser als uns.

Die Engel lieben uns

Sie dürfen mir glauben, dass auch Sie einen Schutzengel haben, der Sie sehr liebt. Es gibt Menschen wie Tanja und mich, die das Glück hatten, ihren Engel sehen zu dürfen und das bereits mehrmals. Ich durfte meinen Engel sehen und spüren. Seine Liebe war das Größte, was mir jemals wiederfahren ist. Die Liebe und der Frieden der von ihm ausging, war das schönste Erlebnis für mein Herz. Das berichten auch andere Menschen, die ihren Engel sehen durften. Die Engel, die Verstorbenen und natürlich mein Schutzgeist haben mir so viel beim Schreiben dieses Buches geholfen. Sie haben mir Dinge gezeigt, die ich ohne ihre Hilfe niemals an Sie hätte weitergeben können. Es waren zum Teil Erlebnisse, die selbst mich „ungläubigen Thomas" zum höheren Sein und somit auch Gott und seinem Himmel nähergebracht haben. Ich möchte für dieses Geschenk nochmals „Danke" sagen. Gott möge all den Menschen helfen, die an ihn glauben und ihren Schmerz ausmerzen. Versuchen auch Sie im Glauben an Gott und mit Liebe diese Dinge zu erleben, die mir gezeigt wurden. **„Mit Gott ist nichts unmöglich."**

Eine junge Frau war erst einige Jahre verheiratet und liebte ihren Mann sehr. Aber der Alltag hatte ihre große

Liebe zerstört. Der Mann nörgelte nur noch an ihr herum und nahm sie nicht mehr richtig wahr. Ihm wäre noch nicht einmal aufgefallen, wenn sie ihr wunderschönes langes Haar abgeschnitten hätte. Sie war wie ein Stück Möbel in ihrem gemeinsamen Haus. Obwohl die Liebe einmal sehr intensiv war, ging diese mit den Jahren immer mehr verloren. Sie beschlossen eine letzte Reise zu machen, um ihre Ehe zu retten. Als sie ein paar Kilometer gefahren waren, stellten sie fest, dass ihr Reifen Luft verlor und sie einen Reifenwechsel vornehmen mussten. Sie versuchten über Handy jemanden anzurufen, der ihnen dabei helfen sollte, denn John war kein sehr guter Handwerker. Aber die Gegend war so abgelegen, das sie keinen erreichen konnten, und das Handy zeigte an, dass sie keinen Empfang hatten.

Wie aus dem Nichts kommend stand plötzlich ein Mann vor ihnen und bot ihnen seine Hilfe an. Manchmal ist es die falsche Richtung, die wir einschlagen, sagte der Fremde, während er anfing, den Reifen zu wechseln. Wir sind so bemüht, es allen anderen recht zu machen, das wir die vergessen, die tatsächlich für uns wichtig sind. Man vernachlässigt sie, weil man sie mit den Jahren nicht mehr wahrnimmt.

Da der Mann in dieser einsamen Gegend stand, boten sie ihm an, ihn mit dem Auto bis zur nächsten Stadt mitzunehmen. Er nahm dankend an. Bitte schnallen sie sich aber an, sagte Betty zu ihm. Insgeheim hatte sie ein ganz sonderbares Gefühl und fragte sich, warum sie ihn wohl mitgenommen hatten, denn sie kannten ihn ja gar nicht und er verhielt sich so sonderbar. Wie weit möchten Sie denn mitfahren? fragte Betty etwas aufgeregt. Das kommt darauf an, war seine Antwort. Auch John überkam nun ein ganz komisches Gefühl, aber der Fremde ließ sich nicht beirren. Er redete und redete und sie hatten beide das Gefühl, er schien sie und ihre Situation sehr gut zu kennen. Der Fremde sagte zu John: „Ich beneide Sie sehr, denn Sie haben jemanden gefunden, der Sie wirklich und aufrichtig liebt. Das Leben ist viel schöner, wenn man zu zweit ist und einen Partner hat, mit dem man alles teilen kann und der einen versteht. Das Leben ist nicht einfach, man muss das Pflänzchen Liebe so lange hegen und pflegen, wie es noch existiert. Zu zweit kann man alles viel besser ertragen." Nachdem der Mitfahrer dies gesagt hatte, drehte sich Betty nach ihm um, aber er war nicht mehr im Wagen. Der Fremde war so schnell wie er aufgetaucht war wieder verschwunden. Sie fuhren wieder zurück und suchten die ganze Strecke nach ihm ab, aber sie konnten ihn nicht mehr finden. Sie standen so unter Schock, das sie zur nächsten Polizeistation fuhren und von dem Erlebten berichteten. Der Polizist sagte nur: „Sie sind nicht die ersten, die uns so etwas erzählen, denn das passiert öfter auf dieser Strecke." Durch den geheimnisvollen Fremden haben Betty und John wieder zueinander gefunden.

War dieser Mann ein Engel, der versuchte den Menschen, die sich einmal sehr geliebt haben, wieder den richtigen Weg zu zeigen? Warum suchte er sich immer wieder Menschen aus, die in einer Partnerschaft waren und Probleme hatten? Will er das wieder zusammenfügen, was zusammen gehört? Seine Worte mit dem zarten Pflänzchen **„Liebe"** das man hegen und pflegen muss, haben ihre Berechtigung. Wir müssen auch an unserer Beziehung arbeiten und zwar jeden Tag, damit sie nicht zerbricht.

Die Ehe und die Familie ist das kleinste Samenkorn in der Gesellschaft. Wenn alle Samenkörner gesund sind, dann gibt es auch eine gute Ernte. Das bedeutet, wenn die Familien auf starkem, gesundem Boden stehen, kann eine ganze Nation oder sogar die ganze Welt nichts mehr erschüttern. Einigkeit macht stark, Zwietracht zerfällt.

Ein Engel Gottes rettete einer jungen Frau das Leben. Die junge Dame, wollte eine Freundin besuchen und parkte ihr Auto am Waldrand. Den Rest des Weges wollte sie zu Fuß zurücklegen, denn es war ein wunderschöner, sonniger Tag. Nach einer längeren Wanderung durch den Wald traf sie freudig dort ein. Schon lange hatten sich die beiden Freundinnen nicht mehr gesehen und es gab sehr viel zu erzählen. Die Zeit verging viel zu schnell und Susanne musste sich jetzt ganz schnell verabschieden, denn es wurde bereits dunkel. Ihre Freundin bot ihr noch an, sie zu ihrem Auto zu fahren, aber Susanne lehnte ab. Als sie den Rückweg antrat, fühlte sie sich etwas unsicher, war das wirklich der Weg auf dem sie gekommen war? Sie fühlte sich mit einem Mal etwas müde, denn der Weg zog sich derart in die Länge und sie hatte das Gefühl, sie hätte sich verlaufen. Vielleicht lag es aber an der Abenddämmerung, die sie etwas irritierte. Plötzlich konnte sie von Weitem einen Mann erkennen, der ihr instinktiv wie eine Bedrohung vorkam. Er schien sie zu beobachten und sie hatte keine andere Wahl, sie musste an ihm vorbei, denn jetzt konnte sie nicht mehr weglaufen. Sie fing inständig an, zu ihrem Engel zu beten, er solle ihr bitte beistehen, denn sie wusste, dieser Mann ist böse und gemein. Sie folgte ihrer Intuition und setzte ihren Weg fort, immer an ihren Schutzengel denkend. Schließlich musste sie an diesem Mann vorbei, der ihr so viel Angst einflößte. Es war ein furchtbarer Moment, er schaute sie an, wie eine Schlange das Kaninchen und sie war sich nicht sicher, was jetzt passieren würde. Sie hörte nicht auf, zu ihrem Schutzengel zu beten. Sie sagte immer wieder: „Schutzengel, hilf mir doch, Schutzengel hilf mir bitte!" Als sie an dem Mann vorbeigehen musste, starrte sein böses, verbittertes Gesicht sie an. Aber er tat ihr nichts, er stand da wie angewurzelt und sah ihr nur hasserfüllt ins Gesicht, als sie vorüberging. Sie fragte sich, warum hat er mir nichts getan? Sie musste noch eine ganze Stunde laufen, bis sie glücklich an ihrem Auto ankam. Sie war sichtlich erleichtert. Aber in dieser Nacht schlief sie sehr schlecht, sie träumte von diesem bösen Mann und hatte eine schlimme Vorahnung. Am nächsten Tag klingelte das Telefon, es war die Freundin, die sie am Vortag besucht hatte. „Zum Glück, Susanne, dass du gut Zuhause angekommen bist." „Warum", habt ihr euch Sorgen um mich gemacht?" „Hast du es noch nicht in den Nachrichten gehört?" „Nein, was ist denn passiert?" Eine Frau wurde ermordet, genau auf dem Weg, den du zu deinem Fahrzeug zurücklegen musstest. Wir haben uns wahnsinnige Sorgen um dich gemacht und sind nun glücklich, dass es dir gut geht. Man hat den Mörder bereits gefasst, denn er war gestern aus dem Gefängnis ausgebrochen."

Susanne wurde später als Zeugin von der Polizei vernommen. Als die Polizei den Mörder fragte, warum er die erste Frau laufen ließ, sagte dieser: „Ich bin doch nicht wahnsinnig, die Frau wurde von einem hünenhaften, großen, blonden Mann begleitet. Dieser Mann schaute mir stolz und erhaben in die Augen und wartete nur darauf, sich mit mir anzulegen." Susanne lief ein Schauer über den Rücken. Ihre Gebete wurden erhöht und sie war in Begleitung ihres Schutzengels. Ihr Schutzengel war im Moment größter Not für sie da, aber nur für diesen Mann in dem entscheidenden Augenblick sichtbar, aber dieser Moment hat ihr das Leben gerettet.

Schutzengel können sich materialisieren und als Erdenmensch für uns sichtbar werden. Sie sind sicher auch schon vielen Engeln begegnet und Sie haben es noch nicht einmal bemerkt.

Wenn ich eine größere Angelegenheit zu bewältigen habe, rede ich immer mit meinem Engel. Ich habe noch nie eine Enttäuschung erlebt, wenn ich mich ihm in meiner Not anvertraute. Mein Engel ist immer an meiner Seite und für mich da. Als ich das Engelbuch drucken lassen wollte, wurde es wegen der veränderten Seitenzahl um 380 Euro teurer als veranschlagt. Ich fragte meinen Engel, was ich tun soll, das Buch werde viel teurer als veranschlagt und nun fehlten mir plötzlich 380 Euro, um es drucken zu lassen. Das Gespräch mit meinem Engel beendete ich mit den Worten, „aber ich vertraue auf eure Hilfe, ihr lasst mich sicher nicht im Stich, denn das Buch ist ja von euch und ihr wollt, dass es gedruckt wird. Als ich am nächsten Tag zum Briefkasten ging, bekam ich einen Brief mit einem Scheck über den Betrag von 380 Euro. Es war eine Nachzahlung, die ich ganz unerwartet erhalten habe. Das gab es bei mir noch nie, denn alles wird teurer und sonst bekam ich nie etwas zurück. Komisch war, dass der Betrag genau mit den der Druckkosten übereinstimmte.

Ich bat Gabi, mich zu einem Seminar nach Oberstaufen zu begleiten. Es sollte um 14:30 Uhr beginnen und wir hatten uns entschlossen, mit dem Zug zu fahren. Da wir noch ein paar Stunden Zeit hatten, machte ich den Vorschlag, den schönen Wasserfall bei Eibele zu besichtigen. Wir wollten den Bus dorthin nehmen. Obwohl der Wasserfall von Oberstaufen nur 7 km entfernt ist, mussten wir zweimal umsteigen und anschließend noch 1 km zu Fuß laufen. Wir fragten den Busfahrer, als wir ausstiegen, wann er denn wieder zurückfahren würde. Er meinte: „In 15 Minuten oder in zwei Stunden." „Das schaffen wir nicht", sagte Gabi, „lass uns am Besten gleich wieder zurückfahren." „Dann hätten wir ja den ganzen Weg umsonst gemacht", antwortete ich. Es war so ein herrlicher, sonniger Tag, zwar minus 15 Grad, aber es war traumhaft schön in der Umgebung. Die Schönheit der verschneiten Berge faszinierte mich so sehr, dass ich von meiner Idee nicht mehr abzubringen war. „Lass uns erst einmal den restlichen Weg wandern, dann werden wir irgendwie eine Lösung finden. Vielleicht finden wir auch eine Abkürzung durch den Wald", meinte ich. „Aber ich habe keine Wanderschuhe dabei und alles ist verschneit, ich kann nicht durch den Wald zurück", meinte Gabi und machte wieder den Vorschlag zur Bushaltestelle zurückzukehren. Ich sagte: „Aber Gabi, warum vertraust du denn nicht deinem Schutzengel, er wird uns sicher jemanden zur richtigen Zeit schicken. Jetzt benötigen wir ja noch keinen Pkw. Es war auch weit und breit weder ein Fahrzeug noch eine Menschenseele unterwegs, denn der Wasserfall befand sich am Waldrand. Keine Sekunde hatte ich gezweifelt, nicht pünktlich in Oberstaufen anzukommen. Also marschierten wir wohlgemut unserem Ziel entgegen und genossen jede Minute in der wunderschönen Natur. Es war ein einzigartiges Erlebnis. Dann wurde es tatsächlich wieder Zeit zurückzugehen, bzw. zu fahren. Weit und breit war niemand zu sehen. Ich schickte ein kleines Stoßgebet zum Himmel und bat unsere Schutzengel um Transport nach Oberstaufen. Ich hatte gerade meine Bitte geäussert, dann hörten wir plötzlich in der Einöde ein Fahrzeug kommen. Die Leute stoppten vor einem alten, renovierungsbedürftigen Haus. Wir gingen auf die Leute zu und fragten: „Fahren Sie vielleicht zufällig wieder nach Oberstaufen zurück und könnten Sie uns dann bitte mitnehmen?" „Aber natürlich", hörten wir die nette Dame sagen, „da möchten wir heute auch wieder hin, wenn sie noch ein paar Minuten Geduld haben, dann nehmen wir sie beide mit. Das alte Haus haben wir gerade gekauft und möchten es nur noch kurz besichtigen."

Gut beschützt kamen wir ohne Probleme dort an, wo wir hin wollten und waren nicht zu spät. Wir hatten sogar noch Zeit, um Essen zu gehen.

Vertrauen Sie ihrem Engel, denn er ist ihr bester Freund. Er arbeitet im Auftrag Gottes und Gott liebt Sie und er liebt auch mich! Gott wird nie etwas tun, was uns schadet, denn wir sind seine Kinder.

Engelgeschichte

Es war einmal ein kleiner Engel im Himmel, der die Menschen mit solcher Nähe und Zärtlichkeit begleitete, dass er den unwiderstehlichen Wunsch empfand, nicht nur mit seinen Flügeln über die Erde zu schweben und schützend auf die Menschen zu achten, sondern er wollte selbst auf ihren Straßen gehen, um einer von ihnen zu werden. Eines Tages sah er auf der Erde eine eben er-blühte Mohnblume. Da schien dem kleinen Engel, als habe er im Himmel noch nie ein solches Rot empfunden und seine Sehnsucht, zur Erde zu gehören, wuchs ins Unermessliche. So trat er vor Gottes Angesicht und bat: „Lass mich auf die Erde, lass mich ein Mensch unter den Menschen werden." Da trat ein erhabener, weiser Engel dazu und sagte: „Weißt du auch, dass es auf der Erde nicht nur Sonne und Blumen gibt? Es gibt Stürme und Unwetter und allerlei Ungemütliches." „Ja", erwiderte der kleine Engel, „das weiß ich. Doch sah ich auch einen Menschen, der hatte die Kraft, einen großen Schirm aufzuspannen, so dass zwei Menschen darunter Platz hatten. Es schien mir, den beiden könnte kein Unwetter etwas anhaben." Da lächelte Gott dem kleinen Engel zu.

Die Zeit verging, und eines Tages erschien der kleine Engel wieder vor Gottes Angesicht und sprach: „Ich habe mir noch mehr angesehen von der Welt. Es zieht mich nun mehr und mehr hinunter." Da trat der erhabene, weise Engel wiederum hinzu und entgegnete: „Weißt du auch, dass es Nebel und Frost und eine Menge verschiedene Arten von Glatteis gibt auf der Welt?" Da antwortete der kleine Engel: „Ja ich weiß um manche Gefahren, doch sah ich auch Menschen, die teilten ihre warmen Mäntel. Und andere Menschen, die gingen bei Glatteis Arm in Arm." Da lächelte Gott dem kleinen Engel erneut zu. Als wieder einige Zeit vergangen war, trat der kleine Engel zum dritten Mal vor Gottes Angesicht und bat: „Lass mich ein Mensch werden. So rot blüht der Mohn auf der Erde. Mein Herz ist voller Sehnsucht, etwas zu diesem Blühen beizutragen." Da trat der erhabene, weise Engel ganz nah zu dem kleinen Engel und fragte mit ernster Stimme: „Hast du wirklich gut hingesehen, hast du das Leid und das Elend geschaut, die Tränen und Ängste, die Krankheiten, die Sünde und den Tod gesehen! Hast Du das wirklich, mein kleiner Engel?" Mit fester Stimme erwiderte der kleine Engel: „Wohl habe ich auch das Düstere, Traurige und Schreckliche gesehen. Doch ich sah auch einen Menschen, der trocknete einem anderen die Tränen, er vergab einem Schuldigen und er reichte einem Sterbenden die Hand. Ich sah eine Mutter, die wiegte ihr krankes, ausgemergeltes Kind durch viele Nächte und wurde nicht müde, die alte leise Melodie der Hoffnung zu summen. Solch ein Mensch möchte ich werden." Da trat der erhabene, weise Engel zurück und Gott schenkte dem kleinen Engel seinen Segen und gab ihm viel Himmelslicht mit auf die lange Reise. Bevor der kleine Engel zur Erde niederstieg, nahm ihm der erhabene, weise Engel einen Flügel ab und der andere Flügel wurde unsichtbar. Da fragte der kleine Engel: „Mein Gott, wie soll ich vorwärts kommen und wie zurück finden ohne Flügel?" „Das herauszufinden, mein kleiner Engel, das wird fortan deine

Lebensaufgabe sein", hörte er Gottes Stimme zärtlich sagen. In dieser Nacht kam ein kleines Kind zur Welt. Seine Mutter, noch vor Schmerz und Anstrengung betäubt, nahm das Kind in die Arme, sah das Himmelslicht wie einen Lockenkranz um das Köpfchen des Kindes leuchten und flüsterte: „Sei willkommen unter uns, mein kleiner Engel." Noch lange sah man das Himmelslicht um das Kind. Doch wie das Leben so ist, es beschmutzt auch die reinsten und hellsten Lichter. All die vielen Einflüsse, die Härte und der Kampf taten ein Übriges. Bald sah niemand mehr, dass der Mensch ein himmlisches Licht in sich trug. Zwar machte sich der unsichtbare Flügel hier und da bemerkbar, doch was bei dem Kind als träumerischer, schwebender Schritt wahrgenommen wurde, das wirkte bei dem Heranwachsenden eher als unsicheres Schwanken und beim Erwachsenen dann nur noch als Hinken und Stolpern. Je länger der Mensch, der einst ein Engel gewesen war, auf den staubigen und steinigen Wegen des Lebens ging, die mühsamen Treppen bestieg, die steil abfallenden dornigen Hänge hinunter strauchelte, desto mehr hatte er vergessen, woher er kam und weshalb er hier wanderte. Einzig die große Liebe zu den kleinen roten Mohnblumen, die an Wegrändern und Wiesen blühten, war ihm geblieben. Viel Leidvolles begegnete dem Menschen auf seinem Lebensweg. Zwar konnte er manchmal eine Träne trocknen, zwar reichte er ab und zu einem schwankenden Mitmenschen die Hand, zwar brach er zuweilen sein Brot mit einem Hungernden, doch die meisten Rätsel blieben und er merkte mehr und mehr, wie wenig er tun konnte und wie vieles er unerledigt zurücklassen musste. Seine Kraft reichte nur für ganz wenig, und oft schien es ihm als bewirkte sein Leben nichts. Jeden Frühling aber blühte der Mohn an den Straßenrändern und erfreute des Menschen Herz. Nach einem besonders langen kalten Winter, in dem der

Mensch kaum genug Wärme und Schutz, Raum und Nahrung, Freundschaft und Brot gefunden hatte, konnte er sich nur noch langsam und mühsam fortbewegen. Er musste viele Pausen machen und schlief vor Erschöpfung am Wegrand ein. Da erblickte er weit über sich auf einem unerreichbar hohen Felsen eine kleine Wiese mit rotem Mohn. Der Mensch rieb sich die Augen. So rot, so voll und saftig, ja so kräftig rot erblühte der Mohn! Beim Anblick dieser Blumen wünschte er so sehr, dass er allen Menschen, denen er begegnete und allen Tieren, die um ihn waren, eine solche Blume und so ein klares, inniges Rot als Zeichen der Liebe schenken dürfe. Da bemerkte er neben sich einen Wanderer, genauso müde, genauso gezeichnet von der langen Straße wie er. „Wohin schaust du so voller Sehnsucht und voller Wehmut?" fragte dieser. „Dort auf die Mohnblüten. So müsste die Farbe unserer Liebe sein." „Weißt du denn nicht, wie schnell diese Art Blumen welken, wie verwundbar sie sind?" kam die Frage des Wanderers. Der Mensch, der einst ein Engel gewesen war flüsterte: „Ich weiß sehr wohl um ihre Sterblichkeit. Trotzdem ist kein roteres Rot in der Welt und in meinem Herzen. Diese Blumen sind wie die Liebe, mag das Äußere auch welken, ihr Rot bleibt in der Seele." Da schauten sich die beiden Menschen ins Gesicht und erkannten den letzten Funken Himmelslicht in den Augen des Anderen. Sie sahen, woher sie kamen, wozu sie gewandert waren und wohin sie noch unterwegs waren. Und sie sahen an sich jeweils einen Flügel. Voller Freude umarmten sie sich. Da geschah das Wunder. Sie erreichten das Mohnfeld, gemeinsam konnten sie fliegen. Menschen sind Engel mit nur einem Flügel. Um fliegen zu können müssen sie sich umarmen. Zu dieser Stunde sagte Gott im Himmel. „Du hast herausgefunden, wozu du unterwegs warst und ich dich aussandte. Dein Mohn blüht jetzt im Himmel, komm heim!"

Auch wir sind Engel auf Erden, mit einem Flügel, die hier auf dieser Welt eine Aufgabe zu erfüllen haben. Wenn das Leben auch manchmal schmerzlich ist, so haben wir uns diesen steinigen Weg doch ausgesucht. Unser Leben und die Lebenserfahrungen sind keine Strafe Gottes, sondern der Weg, den wir gewählt haben, um zu lernen, damit wir Gott näher kommen und auf eine höhere Ebene gelangen. Tragen Sie die Liebe Gottes in sich und geben Sie diese Liebe an andere weiter, denn nichts ist schöner, wertvoller und dankbarer, als die *„Liebe."*

Warum zweifeln die Menschen an Jenseitskontakten?

Wir alle versuchen erst dann mit dem Jenseits Kontakt aufzunehmen, wenn wir einen lieben Menschen verloren haben. Immer wieder musste ich feststellen, wie ich von einigen Menschen belächelt wurde, wenn ich ihnen von meinen Erfahrungen mit dem Jenseits berichtete. Andere sagten: „Die Toten muss man ruhen lassen!" Erst im Moment der Trauer konnte ich feststellen, wie wichtig den Menschen plötzlich meine Erfahrungen waren. Ich habe mich sehr oft gefragt, was ist denn meine Aufgabe auf dieser Welt? Als junger Mensch kennt man die Antwort auf diese Frage meistens nicht. Heute weiß ich, dass es meine Aufgabe ist, Menschen zu helfen, die in Trauer sind, wenn sie einen lieben Menschen verloren haben. Seit ich das Buch geschrieben habe, gebe ich Seminare über meine eigenen Erlebnisse und wir besprechen die Erlebnisse der Seminarteilnehmer. Es ist für mich das größte Glück, wenn ich durch diese Gespräche oder durch meine Bücher Menschen die Trauer nehmen, oder zumindest etwas lindern kann. Sie können sich nicht vorstellen, wie sich die Menschen bei diesen Seminaren öffnen und was für wunderschöne Erlebnisse bei den Gesprächen offenbart werden. Normalerweise haben die meisten Menschen Angst, über diese Phänomene zu sprechen. Aber an diesem Tag können sie über ihre Gefühle und Erfahrungen reden und was ganz wichtig ist, sie werden nicht ausgelacht, sondern da sind Menschen die sie verstehen, weil viele ähnliche Erfahrungen gemacht haben. Aber leider wagt man nicht, mit anderen darüber zu reden. Ich könnte noch viele Bücher schreiben, die der Wahrheit entsprechen und doch gäbe es Menschen, die ich niemals überzeugen könnte. Ihr Lebensweg ist zu sehr auf das Materielle ausgerichtet. Menschen, die an Gott und die Spiritualität glauben, sind auf dem richtigen Weg. Sie haben sich für den Glauben und für Gott entschieden. Wenn wir ehrlich sind, steht doch alles bereits in der Bibel. Über alles, was ich schreibe, können Sie an irgendeiner Bibelstelle nachlesen. Manchmal ist es in der Bibel ein wenig schwer ausgedrückt, aber es entspricht dem, mit meinen einfachen Worten, geschriebenen Buch. Sie, die diese Dinge auch erleben, sind bereits sehr nah an der Wahrheit Gottes.

Gabi, die mich sehr zum Schreiben dieses Buches ermutigt hat, sagte ganz am Anfang zu mir: „Marlene, ich kann spüren, auf der anderen Seite ist jemand, der dich sehr liebt, denn sonst würden dir nicht so viele wunderbare Dinge passieren." Ich machte mir ständig Gedanken darüber, wer dies wohl sein könnte. Mit meinem Vater konnte ich mich über das Licht verständigen und mit ihm sind mir auch bereits sehr viele ungewöhnliche Dinge passiert. Aber seit dem Jahr 2002 hat sich das Ganze derart gesteigert das ich mich selbst fragen muss, was ist in meinem Leben los? Was hat man mit mir vor? Und wo führt das hin? Es wurde immer mehr und es war immer mit sehr viel Liebe verbunden.

Die Blumen aus dem Jenseits, die bunten Kugeln, die Herzen, die Feder, die Tiere und vieles mehr. Ich fragte mich immer wieder, wer will mir etwas mitteilen? Was soll es bewirken? Wer hilft mir, meine Bücher zu schreiben? Woher kommen die Gedanken?

Ich betete viel, um den Grund zu erfahren, und ich durfte es erfahren. Derjenige der mich so sehr liebt, starb am 23. März 2002 an einem Schlaganfall in Südafrika. Wir hatten einmal vor zu heiraten. Ich habe ihn verlassen, obwohl ich ihn sehr liebte. Wenn ich Ihnen nun den Grund sage, werden Sie es mir nicht glauben oder Sie werden denken, das ist zu verrückt. Als wir zusammen lebten und er mich bat, seine Frau zu werden, sagte ich sofort nein und verließ ihn, obwohl ich ihn sehr liebte. Es war eigentlich auch mein Wunsch, für immer mit ihm zusammen zu sein. Der Grund, warum ich nein sagte, ist absurd und unvorstellbar. Ich hatte immer das Gefühl, wir würden ein behindertes Kind bekommen. Er wollte Kinder, denn er liebte Kinder über alles. Die Angst vor der Zukunft mit einem behinderten Kind hielt mich zurück, seine Frau zu werden. Nie habe ich es mir verziehen und ich telefonierte oft mit seiner Mutter, die mir immer über ihn berichtete. Ich war sehr traurig über meine damalige Entscheidung, denn Franzi war ein lieber, guter und lustiger Mensch. Als wir uns kennen lernten, damals in Südafrika, schickte er mir immer Blumen an meinen Arbeitsplatz. Mein Chef sagte schon: „Franzi, hör endlich auf ihr Blumen zu schikken, denn hier schaut es ja aus, wie in einem Beerdigungsinstitut." Aber er ließ sich nicht davon abbringen.

Als mir diese schönen Dinge in der letzten Zeit passierten und ich immer das Gefühl hatte von einer wunderbaren Liebe umgeben zu sein, fing ich an, nach einer Antwort zu suchen. Franzi teilte mir im Traum mehrmals mit, dass er tot sei. Was sich durch einen Anruf bei seiner Mutter später bestätigte. Ich habe mehrmals zuvor bei ihr angerufen, sie aber nie erreichen können, da sie eine Zeitlang bei ihrer Tochter lebte. Bei diesem letzten Telefonat teilte sie mir mit: „Frau Marlene, habe ich schon gesagt, dass Franzi ein behindertes Kind hatte?" Nach so vielen Jahren habe ich das erfahren, was meine Seele bereits mit 23 Jahren wusste, ich müsste die Verantwortung für ein behindertes Kind übernehmen und ich habe die Flucht ergriffen vor dieser Verantwortung. Verlief mein weiterer Weg deshalb so steinig? Ich musste meine beiden Kinder alleine großziehen und ich lernte niemals mehr in meinem Leben einen Franzi kennen, der so ein guter Zuhörer, guter Freund und lieber Mensch war. Aber nun weiß ich, dass er mich weiterhin mit all seiner Liebe begleitet. Wir waren einfach füreinander bestimmt und ich habe abgelehnt, weil ich Angst vor der Zukunft hatte. Aber ich bin mir sicher, ein Leben mit ihm wäre einfacher geworden, als der Weg, den ich nachher eingeschlagen habe. Heute komme ich mir vor, wie ein trotziges Kind, das nicht hören wollte. Aber ich bin sicher, es gibt immer wieder eine zweite Chance. So wie wir anderen Menschen verzeihen müssen, verzeiht auch Gott uns und auch mir, denn wir sind seine Kinder. Gott liebt uns!

Alles was man nicht fühlen, nicht hören und nicht sehen kann, ist für uns Menschen nicht existent. Aber es geschehen so viele Dinge zwischen Himmel und Erde, die man ganz einfach nicht erklären kann. Wir wurden von Gott bereits in der Bibel aufgeklärt, dass es ein Leben nach dem Tode gibt und trotzdem wollen oder können wir es nicht glauben. Auch mir fiel es anfangs sehr schwer und ich bedanke mich bei Gott mit seinen Mächten, dass es weitaus mehr gibt als wir sehen können. Ich durfte sehen, ich durfte fühlen, ich durfte erleben und ich durfte hören. Es gibt kein größeres Band zwischen Himmel und Erde als die Liebe, aber viele von uns wissen es nicht.

Wenn Sie, die dieses Buch lesen, wüssten, mit wie viel Liebe wir aus dem Jenseits umgeben werden, keinen Tag ihres Lebens wären Sie traurig. Wenn Sie um einen lieben Menschen, den Sie verloren haben, weinen, ist er bei Ihnen und streichelt Sie. In ihrer Trauer spüren Sie anfangs nichts. Sie wollen auch nichts spüren, denn Sie möchten nur leiden um den Menschen, den Sie verloren haben. Aber er ist Ihnen näher als Sie glauben, bitte lassen Sie es zu, denn mit der Zeit werden Sie die Zeichen, die er Ihnen schickt verstehen. Viele werden Sie anfangs belächeln, wenn Sie darüber berichten, aber glauben Sie weiter. Sie gehen niemals alleine durchs Leben, auch wenn Sie das Gefühl haben, alleine zu sein. Sprechen Sie mit Gott, mit seinen Engeln, ihrem Schutzgeist, der Mutter Gottes und mit den Seelen, die uns vorausgegangen sind. Sie alle werden Sie hören und Ihnen beistehen. Seit dem Tod meines Vaters, beschäftige ich mich mit der „jenseitigen Welt" und was ich in der Zwischenzeit erlebt habe, ist manchmal nicht in Worte zu fassen. Nur einen Bruchteil meiner Erlebnisse schreibe ich auf, denn manche sind derart unfassbar, das ich sie für mich behalten möchte. Auch viele Leser haben mir geschrieben, denen ähnliches passiert ist.

Vertrauen Sie sich ihrem Schutzengel an, denn auch Sie haben einen Engel um sich, der Sie liebt und der im Auftrag Gottes für Sie sorgt. Wo Sie auch sind, ihr Schutzengel ist immer bei Ihnen auch in der Todesstunde, wenn er seine Aufgabe erfüllt hat, Sie durch ein Leben voller Gefahren zu führen. Wie oft haben Sie selbst gesagt, da habe ich aber einen guten Schutzengel gehabt! Er ist ihr bester Freund, denn er liebt Sie! Versuchen auch Sie ihn zu lieben und ihm alle ihre Nöte anzuvertrauen, er wird Sie verstehen.

Vor ein paar Monaten berichtete mir eine junge Frau, dass Sie mit dem Pkw unterwegs war und unter normalen Umständen wäre sie heute nicht mehr am Leben. Als sie auf der Landstraße fuhr, kam ihr ganz plötzlich ein Auto auf ihrer Fahrbahnseite entgegen. Sie wusste nicht mehr was sie tun sollte, sie konnte nur noch rufen, Gott hilf mir. In diesem Moment spürte sie, wie ihr Auto wie von Geisterhand weiter nach rechts gehoben wurde. Sie selbst war nicht mehr fähig, eine Entscheidung zu treffen, der Schreck und die Angst hatten sie regelrecht gelähmt. Sie war nicht mehr in der Lage zu reagieren, so hat Gott für sie die Entscheidung getroffen. Nämlich diese, dass sie auf dieser Welt noch eine Aufgabe zu erfüllen hat und ihre Stunde noch nicht gekommen war.

Man muss sich auch vor dem Tod nicht fürchten, denn Sterben heißt Leben und zwar ewig leben. Unser immer existierender Geist, unsere Seele wird beim Sterben von der Hülle unseres schweren, plumpen Körpers befreit. Wir sind wieder frei und können mit den Menschen, die wir vorher verloren haben, frei kommunizieren auf der Ebene des Lichts und der Liebe. Unser Körper ist wie ein Gefängnis, in dem man jahrelang eingesperrt ist. Auf der anderen Seite gibt es keinen Schmerz, keine Kälte, keine Dunkelheit. Dort existieren nur Licht, Wärme und die Liebe und Geborgenheit Gottes für uns. Wir sind seine Kinder.

**Mein erstes Gespräch mit meinem Schutzgeist
Besuch bei einem Medium 2004**

Erst heute, 2 Jahre später, bin ich so weit, Ihnen das Gespräch aufzuschreiben, damals habe ich nur einen kleinen Auszug der Sitzung an Sie weitergegeben.

Ein Medium aus Bad Wörishofen sagte zu mir:
Ich habe sie gefragt und sie haben mir gesagt, sie schreiben ein Buch über Engel und Verstorbene. Ihr Schutzgeist sagt mir, das Zitieren von anderen ist nicht so ihr Ding, sie müssen es erfahren und gefühlt haben, dann wissen sie, dass es stimmt. Da wird mir gesagt, dass Sie sich weiterhin sehr darauf verlassen möchten, was sie fühlen, es ist sehr wichtig, auch in ihrer Arbeit als Schriftstellerin oder in ihrem Bestreben ein Buch zu schreiben und in anderen Dingen. Verlassen Sie sich bitte auch weiterhin und ein wenig sicherer darauf, was Sie spüren, was Sie fühlen und was Sie empfangen, denn das ist eine Ihrer ganz großen Quellen, aus der Sie schöpfen können.

Ich glaube, das wissen Sie auch, dass Sie aus dieser inneren Quelle sehr gut schöpfen können. Ihnen wird aber gesagt, wenn Sie sich ein klein wenig sicherer in dieser Hinsicht fühlen, dann werden Sie merken, dass diese Quelle noch mehr sprudelt. Es wird noch mehr Information und Fülle für Sie zu erfahren sein. Dafür ist es notwendig, sich auf dieses innere Wissen, auf dieses innere Gefühl, die inneren Emotionen zu verlassen. Ich sage „inneren" im Gegensatz zu den „normalen" Emotionen. Macht das Sinn?

Ich habe bereits sehr viele schöne Dinge erfahren und erlebt und ich möchte wissen, von wem das kommt, woher es kommt und was der Grund dafür ist, sagte ich zu dem Medium.

Mit dem Schreiben das ist nichts Neues bei Ihnen. Entweder der Wunsch zu schreiben oder das Bedürfnis zu schreiben oder vielleicht bereits Dinge niedergeschrieben zu haben. Mir wird gerade gesagt, viele Dinge erfahren Sie und haben Sie bereits erfahren eben aus diesem Wunsch heraus, Dinge nach außen hin auch für andere lesbar zu machen. Es ist ein Teil Ihrer Aufgabe, das Erlebte weiter zu geben, denn mir wird gesagt, es sind einige Dinge dabei, die nicht so herkömmlich sind. Wo man sagen könnte, na ja, das erlebt eben jeder. Da sind viele spezielle Dinge, es bezieht sich auf helfende Kräfte aus der geistigen Welt. Mir wird gesagt, es sind helfende Kräfte aus der geistigen Welt, die Ihnen schon manches ermöglicht, manches gezeigt haben, bei manchem geholfen haben, viel zu erleben. Es bezieht sich nicht auf Dinge im täglichen Leben zu erleben, sondern es bezieht sich auch auf Erlebtes in Wach-phasen. Es ist kein Traum. Sondern es ereignen sich Dinge im Wachzustand, können Sie damit etwas anfangen? Das Erlebte und diese Phasen tragen sehr viel Fülle in sich, eine große Fülle. Und sie können sich Gott sei Dank auch an sehr viele Dinge erinnern. Diese Phasen der Verbindung mit Helfern und Wesen aus der geistigen Welt widerfahren vielen Menschen, aber die meisten können sich nicht mehr daran erinnern und mir wird gesagt, Sie können sich daran erinnern und Sie können es auch ein wenig steuern. Es ist ganz wichtig, die Inhalte dieses Erlebens anderen mitzuteilen. Auch die Wege dorthin. Da drinnen ist nicht nur Rat, in der Zeit der Unterrichtung werden nicht nur Fragen beant-wortet, wird nicht nur Rat gegeben, sondern es werden auch neue Wege angezeigt. Es geht darum, diese Dinge aufzuschreiben. Was Ihnen dort an Fülle mitgegeben wird, es ist wichtig, das in Schrift und in Bild wiedergeben zu können. Zu dem Thema Verstorbene wird mir gesagt, der Kontakt hat nicht immer mit bekannten Verstorbenen zu tun. Nicht wo Sie sagen können, das ist die Tante oder die Oma usw., sondern eben auch mit denen, die Sie im Moment noch nicht so richtig einordnen können, aber es sind Menschen aus der geistigen Welt, die Ihnen auch Bilder zeigen. In diesen Bildern zeigen Sie Ihnen wie es dort bei ihnen aussieht, sie zeigen Ihnen wie sie in der geistigen Welt ihr Leben, ihre Entwicklung erleben. Das wird auch weiterhin so gehen und es ist auch nicht notwendig zu wissen ob diese Person hier oder da oder woanders gewohnt hat, es geht im Grunde nur darum, Einblicke zu bekommen und diese Einblicke bekommen Sie. Es macht auch sehr viel Freude, wird mir gesagt, manchmal ist es schon ganz schön spannend, manchmal auch ganz schön fordernd. Es macht aber Freude und es ist wichtig, dass alles, was Sie nach außen hin sichtbar machen, sei es im Bild, sei es in Schrift, Freude enthalten möge. Das ist ganz wichtig. Auch eine Leichtigkeit der Freude. Sie, wird mir gesagt, tendieren auch ein wenig zum großen Ernst und Sie möchten ihre Bemühungen, ihre Arbeiten mit Ernsthaftigkeit, aber auch mit Leichtigkeit und leichter Freude füllen. Es gibt einfach eine andere Qualität, die es den Menschen zugänglicher macht. Es wurde Ihnen ja gesagt, bringe es in Schrift und Bild und es wurde Ihnen geraten, das Buch mit einer Leichtigkeit zu beflügeln. Es gibt kein Richtig und kein Falsch. Es gibt tausend Menschen mit tausend verschiedenen Erfahrungen und jeder Aspekt ist etwas anders. Es wird nur geraten, Leichtigkeit in das Buch zu bringen. Die Leichtigkeit gehört auch zu Ihnen, auch wenn Sie sehr ernst in vielen Dingen sind, gehört diese Leichtigkeit zu Ihnen und in Ihr Leben. Mir wird gesagt, dass ein Teil dieser Lichtwesen, die Sie besuchen auch aus der Natur kommen, aber sie sagen mir auch, das Sie Engel, mit allem was dazu gehört, gesehen haben.

Das Medium wusste nicht, dass ich bereits meinen Engel gesehen hatte.

Sie möchten, ich weiß ja nicht, was Sie geschrieben haben, aber die Jenseitigen möchten, dass Sie eine Betonung darauf legen, wie hilfreich Engel im Leben jedes

Einzelnen von uns sein können. Nicht nur indem sie Dinge tun, Engel helfen eher mit, als dass sie tun, um aber den Menschen, es werden immer mehr, in der Vereinsamung zu helfen. Dass Menschen wissen, auch wenn sie alleine sind, dass ihr Engel zur Seite steht und ein wunderbarer Zuhörer ist, ein wunderbarer Helfer sein kann und ein Wegbegleiter. Es wird mir aber gerade gesagt, dass Sie das in ihrem Buch bereits geschrieben haben. Mir wird gesagt, die Wichtigkeit der Engel gehört bereits ins Vorwort. Es muss dem Leser klar gemacht werden, dass Engel nicht nur beflügelte Wesen sind, sondern man muss sie ins Leben lassen. Die ganze Welt benötigt Leichtigkeit und so sollten wir auch auf der anderen Seite im Jenseits ankommen mit Leichtigkeit. Das Materielle, das dreidimensionale Leben, was wir auf Erden führen, ist so und so immer etwas schwerer, schon allein von der Materie her. **Der Mensch ist nicht verpflichtet, ein schweres Leben zu führen. Das Leben muss nicht schwer sein, um gut zu sein. Es kann auch etwas leichter sein.** *Diese Aussage hat mich sehr fasziniert.*

Sie fragten, soll ich das Buch überhaupt zu Ende schreiben? Ich soll Sie von ihrem Schutzgeist aus fragen, nennen Sie mir einen guten Grund, warum nicht? Schreiben Sie in das Buch, wo Sie das Gefühl haben, dass der Leser daraus lernt. Ich muss auf meine innere Stimme und die Weisungen des Jenseits hören. Sie sind sehr empfindsam für Schwingungen wird mir gesagt. Verlassen Sie sich immer auf ihr Gespür. Sie haben auch Gefühle in den Fingern, sagt man mir. Im Grunde weist das Gefühl in den Fingern auf die Fähigkeit zu heilen hin. In diesem Buch geht es auch um Heilung. Nicht durch Hände auflegen, aber doch Heilung. Heilung der Seele. Mir wird gesagt, nächstes Jahr im Frühjahr werden Sie das Buch veröffentlichen. In Ihrem Buch ist sehr viel Herz, wird mir gesagt, sehr viel von Ihrer eigenen Herzensqualität. Ihre Seele hat sich vorgenommen, in der Nähe der geistig spirituellen Welt zu sein und das noch weiter zu entwickeln. Sie sind mehr als eine Frau, eine Tochter oder eine Mutter, Sie sind eine Seele, die sich vorgenommen hat, diesen Weg zu gehen und dieser Weg wird genährt durch die Kraft der Seele und durch das Wissen, das Sie auch ganz bewusst haben, nicht wie die meisten Menschen das schlafende Wissen, was viele Menschen noch zu entdecken haben. Sie haben ihr Wissen bereits ganz weit an die Oberfläche gebracht und viele Teile ihres Wissens sind Ihnen auch im Tagbewusstsein gegenwärtig. So wird Ihnen gesagt, weißt du, wenn du die Dinge weißt, dann werden sie gefordert um dir selber zu zeigen ich weiß es und ich kann danach handeln. Sie waren auch schon woanders in ihren Reisen, wird mir gesagt, nicht in ihren körperlichen Reisen, sondern Sie waren schon sehr oft in der geistigen Welt. Sie werden sehr oft gerufen. Das heißt Sie kommen in eine höhere Ebene, weil Sie gerufen werden. Es werden viele gerufen, aber sie können nicht alle in die höhere Ebene. Sie werden gerufen, um Ihnen etwas zu zeigen, es geschieht ja nicht zufällig. Sie sagen mir: „Wir haben geholfen aus unseren Büchern etwas abzuschreiben, damit es auch auf der Erde sichtbar ist. Diese Einsicht in die Bücher des Wissens war wichtig für den Aufbau und das Konzept der Bücher." Was Sie auf Papier gebracht haben, zeigt Ihnen ja, dass Sie etwas wissen, wo Sie sich fragen, wo habe ich es her. Es wird Ihnen aber auch nochmals zur Zeit des Schreibens übermittelt. Ihre Bücher gehen nicht durch den Kopf, sie gehen gleich in die Feder, heute sagt man in den Computer.

An diesem Tag habe ich so viele wunderschöne Dinge erfahren dürfen, die ich mit Ihnen teilen möchte. Es soll Ihre Herzen berühren, damit auch Sie mit einer Leichtigkeit durchs Leben gehen und Gutes tun. Einen

Teil davon habe ich bereits in dem ersten Buch „Engel und die Verstorbenen sind unter uns" den Lesern übermittelt.

In Dankbarkeit dir Gott, Mutter Maria und den Engeln

Ach du Engel mein,
wie bin ich hilflos und so klein.
In meinem größten Schmerz, berührtest du mein Herz.
Du kamst, um mich zu sehen,
jetzt kann ich wieder aufrecht gehen.

Von dir kam all die Kraft, mein Leben wieder zu leben
und anderen Menschen Freude zu geben.
Engel des Lichts und der Liebe,
mein Herz war so schwer und ich dachte, nun geht gar
nichts mehr.

Mein Leben war voll mit Sorgen
und ich dachte nicht mehr an den nächsten Morgen.
Im Geist nur noch böse Gedanken,
mein Leben wollte ich wegwerfen,
aber du zeigtest mir meine Schranken.

Du gabst mir Kraft, du zeigtest mir das Licht,
ich brauchte nur Gott und all die guten Seelen.
Nichts würde mich wieder quälen.

Gott mit seinen Helfern ist immer für mich da,
immer und jetzt, Jahr für Jahr.
Nach deinem Erscheinen musste ich nie mehr weinen.

Du hast mir gegeben Liebe und Kraft,
ohne deine Hilfe hätte ich es nicht mehr geschafft.

Ja, du hast einen anderen Menschen aus mir gemacht.

In Dankbarkeit

Marlene Toussaint

Friede den Menschen auf Erden,

die guten Willens sind, heißt es in der Bibel. Wer ist heute noch guten Willens? Ständig frage ich mich, warum gibt es Kriege? Bis jetzt konnte ich nur eine einzige Antwort auf meine Frage finden. Macht und Geld ist die Antwort! Es müssen so viele Menschen ihr Leben lassen, weil die Politiker sich gegen den Frieden und für Krieg entscheiden. Als mein Sohn zum Militär einberufen wurde, bat ich ihn, den Wehrdienst zu verweigern. Ich machte ihm den Vorschlag, er solle als Zivildienstleistender in einem Krankenhaus arbeiten, somit hätte er aus einer schlechten Sache eine gute Sache gemacht. Ich erklärte ihm, dass kein Mensch das Recht hat, einen anderen Menschen zu töten. Man darf niemals eine Waffe auf einen anderen Menschen halten. Auch ihm steht das nicht zu, denn Gott hat uns das Leben gegeben und nur er darf es uns wieder nehmen. Er aber meinte: „Aber Mama, wir haben doch keinen Krieg!" Wir haben ständig Krieg, sagte ich zu ihm, auch Terroranschläge sind eine Form von Krieg. Man tötet unschuldige Menschen. Niemand kann heute sicher sein, wann und wo die nächste Bombe explodiert. Die Auswahl erfolgt je nach Lust und Laune. Wir Mütter gebären keine Kinder um sie in sinnlosen Kriegen zu opfern. Es wäre eine wunderbare Sache, wenn sich alle weigern würden, in den Krieg zu ziehen, um nicht mehr auf andere Menschen zu schießen. Mit welchem Recht, kann man als Kriegsdienstverweigerer auch noch bestraft werden? Kann es Unrecht sein, wenn jemand sagt, ich will nicht töten? Das ist doch ein Gebot Gottes, kennen wir diese Gebote nicht? Wo sind da unsere Kirchen, sie sind doch so mächtig? Können diese nicht helfen, das sinnlose Morden zu verhindern? Ich appelliere an alle Mütter dieser Welt, lasst eure Kinder nicht in Kriege ziehen. Wenn Sie ihr Kind von klein auf zur Nächstenliebe erziehen und ihm die Gebote Gottes beibringen in denen steht: „Du sollst nicht töten", dann wird ihr Kind auch danach leben. Seid nicht stolz auf die Orden des Tötens oder auf die Uniformen eurer Söhne und Töchter. Seid stolz auf die Liebe, Demut und die Sanftmut die ihr euren Kindern geschenkt habt, dass sie auf alle Zeit so sind, wie Sie ihre Kinder gelehrt haben. Viele Menschen haben Angst vor der Zukunft. Aber wir müssen bereits in den Familien anfangen, Liebe zu leben und zu geben. Nur ein Mensch der geliebt wird, kann auch Liebe an andere weiter geben. Wir alle haben eine Verpflichtung gegenüber unserem Nächsten. Im Himmel gibt es keine Zäune und Grenzen, warum bei uns auf der Erde? Jeder der ein Stückchen Land erwirbt und ein Haus darauf baut, errichtet sofort einen Zaun. Nach dem Motto: „Kommt mir ja nicht zu nah!"

Stünden wir nicht unter dem ständigem Schutz der Jenseitigen und der Lichtwesen, gäbe es unsere Welt schon lange nicht mehr. Die Kriege werden immer grausamer und brutaler, sie könnten die Menschheit ausrotten. Wenn wir nicht untergehen wollen, muss sich unsere Gesinnung wandeln. Wir müssen unseren Egoismus ablegen, selbstloser werden und wieder Interesse an unseren Mitmenschen zeigen. Nur dann haben wir eine Chance, alles zum Guten zu wenden. Die Gebote Gottes wurden uns gegeben in denen es heißt: „Du sollst nicht töten. Und du sollst deinen Nächsten lieben wie dich selbst." Lieben Sie ihren Nächsten?

Es gibt keine Teufel im Diesseits und im Jenseits, sondern es gibt nur gute oder böse Menschen. Wollen nicht auch Sie zu den Guten gehören? Lasst uns keinen Tag vergeuden! Fangen wir damit an! Heute!

Der Engel Herrlichkeit schauen

Der Engel Herrlichkeit zu schauen,
verließ ich diese Welt, in den Himmel wollte ich
gelangen,
gab dem Fährmann reichlich Geld und wirklich setzte
er mich über.
„Zurückkehren musst du selbst", rief er zu mir herüber
und warf mir zu mein Geld.
Ganz leer war dieser Himmel und einsam fühlte ich
mich, ich Held.

Allein kam ich mir vor, ich gottverlassener Tor.
In hektisch qualvollen Schritten durchmaß die Welten
ich,
die ich als Himmel ansah, im inneren Gesicht,
war leer und fröstelnd gar und aller Hoffnung bar.

Als ich zuletzt ganz atemlos und aller Kraft und
Sehnsucht bloß,
mich setze, um zu rasten, ermüdet von dem Hasten,
da sah ich in der Ferne ein Licht, verspürte Wärme.
Ein Wesen werd' ich angesichts, in strahlend hellem
Glanze,
von eigentümlichem Gewicht.
Ein bittersüßer Schmerz ließ die Torheit meines Tuns
erkennen,
die Scham in meinem Herzen brennen.

Und eine Stimme zu mir dringt, wie ich sie vorher nie
vernahm:
„Oh Mensch wo kommst du her, was willst du, welch
Begehr?
Bist du aus Neugier hier im Land, hast du dich selbst
nach hier verbannt?
Wo ist der Sinn in deinem Streben, was willst du hier
erleben?"

Der Engel Welten wollt ich sehen, mit ihnen sprechen,
mit ihnen gehen,
den lichten Gang der ihnen eigen, vorm Thron der
Gottheit mich verneigen.
Mit dem Verstand wollte ich ergründen, was ich als
Fabel nur gekannt,
wollt Logisches in allem finden und hab mich in „der
Welt" verrannt.

Verlassen einsam war ich hier, bis du erschienen bist
vor mir.
Erschreck ich nun im hellen Licht, das du verbreitest
um dich her,
denn alles was da einst Gewicht, ich find es nun nicht
mehr.
Und nochmals tönt der Stimme Klang und wieder wird
das Herz mir bang:

Oh Mensch, bedenke, was du sprichst, du rufst dich
selber zum Gericht.
Der Engel Welten rein zu sehen, dies ist erlaubt nur
reinen Kräften.
Nur wer im Streben nach dem Guten, vollbringt im
Menschenkleid, die wahre Tat,
dem wird erlaubt, in Engelwelten zu lauschen, zu
hören aller Welten Rat.

Der Engel Wirken kannst du sehen, schau dich nur um
in deiner Welt,
denn nur weil Engel sie behüten, ist sie noch ganz,
noch nicht zerschellt an menschlich eigenmächtigem
Tun.
Nur weil der Mensch mit uns verbunden, sei es im
Wirken,
oder im Ruhen hat diese Welt bestanden, denn sonst,
zerronnen wäre sie längst, zerschellt mit allem Tand.

Willst du der Engel Antlitz sehen, dann sieh ins Antlitz
jedes Wesens,
Mensch, Tier, Pflanze oder Stein, erkenne sie und dein
Herz wird genesen und rein.
Vor allem in den zarten Kleinen, die so hoffnungsvoll
noch schauen,
kannst du der Engel Leuchten sehen, wie sie am Kind
im Himmel bauen.

Willst du, so höre und bedenke, der Engel Welten also
sehen,
dann geh zu allen Menschenwesen, lern zuhören und
verstehen,
lass Liebe ständig walten in deinen Werken
dann kannst du selbst zum „Engel" werden
an jedem Tag auf Erden.

Manfred Mühlbauer

„Mit Gott ist nichts unmöglich!"

**„Wer zu mir kommt, den werde ich nicht
abweisen!"**
**Gott sagt: „Ich kenne meine Pläne, die ich für euch
habe. Es sind Pläne des Heils, nicht des Unheils,
denn ich will euch eine Zukunft und eine Hoffnung
geben."**

Ich hoffe, dieses Buch konnte Ihnen ein wenig den
Schmerz nehmen, wenn Sie jemanden, den Sie sehr
lieben, verloren haben. Aber denken Sie daran, der
Verstorbene ist nicht verloren, er ist immer bei Ihnen,
denn Engel und die Verstorbenen sind unter uns. Sie
lieben uns und wenn wir an sie denken, rufen wir sie zu
uns. Manche Menschen haben die Gabe, sie zu sehen,
andere haben die Gabe sie zu fühlen, zu riechen und es
gibt Menschen, die können sie hören. Manchmal
kommen sie auch im Traum zu uns, um uns Nachrichten
zu übermitteln. Je mehr Sie daran arbeiten und aufpassen und beobachten, umso mehr werden Sie
wahrnehmen und erleben. Auch bei mir hat es viele Jahre
gedauert, an diesen Punkt zu gelangen, mich mit
Verstorbenen auseinandersetzen zu können. Aber Sie
dürfen mir glauben, es ist wunderbar, dieser Kontakt mit
der anderen Seite ist ein großartiges Erlebnis. Wenn Sie
an Menschen kommen, die Ihnen ihre Erlebnisse nicht
glauben, denken Sie daran, diese Menschen sind noch
nicht so weit, bei ihnen wird es noch eine Zeit lang dauern,
bis sie erkennen werden, dass es noch mehr zwischen
Himmel und Erde gibt. Aber Sie sind bereits auf dem
richtigen Weg, auf dem einzigen Weg, nämlich auf dem
Weg zu Gott.

Den Himmel muss man sich auf Erden verdienen!

Das Buch möchte ich mit dem Brief einer Mutter beenden, denn er hat mich sehr berührt.

Catharina, immer lustig und gut gelaunt.

Dieser Brief ist von Sabina, die ihre 10-jährige Tochter durch einen Autounfall verloren hat. Es war mir ein großes Bedürfnis, ihn zu veröffentlichen, damit er auch Ihren Schmerz ein wenig lindern kann.

Hallo liebe Marlene, und vielen Dank für deine liebe Antwort.

Vor einem Jahr habe ich meine 10-jährige Tochter durch einen Autounfall verloren. Die Tragik an dem Ganzen, war, dass mein 22-jähriger Sohn das Auto gefahren hat. Seine Hüfte war zertrümmert und Catharina war bei dem Unfall sofort tot. Das Ganze ist unglaublich. Als mich die Polizei anrief, wusste ich sofort, wie sich der Unfall ereignet hatte, bevor man es mir berichtete. Es war wie ein Film in meinem Kopf und alles war stimmig. Das hat mich doch sehr geschockt. Catharina ist an einem Montag um 16 Uhr geboren und an einem Montag um 16 Uhr gestorben. Ab da, passierten noch sehr viele merkwürdige Dinge in unserem Leben. Ich denke, es ist ein europäisches Problem, dass der Tod so ignoriert wird und alle Angst davor haben. In Asien ist das ganz anders, das habe ich erlebt und viel dabei gelernt. Es hat auch mit dem Glauben zu tun. Wer glaubt denn bei uns schon an Reinkarnation? Ich habe früher viele Jahre als Krankenschwester auf der Intensivstation gearbeitet und dazu noch in der Unfallchirurgie, da erlebt man sehr viel.

Ich muss sagen, ich hatte schon ein schlechtes Gewissen. Meine Mail war doch sehr offen und ehrlich und ich musste feststellen das meine Art nicht immer so ankommt und teilweise die Menschen schockiert. Meine beiden anderen Kinder, das Mädchen ist 16, der Sohn 22 Jahre alt, hat es sehr getroffen. Im niederländischen Fernsehen laufen fast wöchentlich Sendungen in denen verschiedene internationale Medien vorgestellt werden. Gestern

Catharina, 10 Jahre alt

war es eine Amerikanerin und das war sehr bewegend. Ich habe gerade das Buch des Mediums John Edward „Ein letztes Mal" gelesen. Ich fand es sehr interessant, es geht um sein Leben. Er berichtet darin, dass Verstorbene, von denen man sich nicht verabschieden konnte, weil sie so plötzlich sterben mussten, wie meine Tochter bei dem Autounfall, einem noch einmal im Traum erscheinen. Genau das habe ich erlebt. Ein paar Monate nach dem Unfall von Catharina, hatte ich sie im Arm und alles war so hell um sie und warm und schön. Nach diesem wunderbaren Erlebnis, war ich mir ganz sicher, es geht ihr gut. Meine andere Tochter hatte die gleichen Träume, Es ist die Art und Weise wie Catharina uns über die Trauer hinweg hilft. Sie war, nein sie ist noch, ein totaler Scherzkeks, witzig, spontan, immer am rumkaspern. Aber auf der anderen Seite doch sehr bedacht. Sie liebte Abenteuer aber trotzdem hat sie immer das Risiko eingeschätzt und nie etwas Unbedachtes getan. Das hat mich immer beeindruckt.

Gestern war ich mit meiner Tochter bei einem Medium, sie gab mir kurzfristig einen Termin und dafür sind wir ihr sehr dankbar. Sie ist eine sehr nette Frau. Heute kamen alle Verstorbenen aus meiner ganzen Familie und auch verstorbene Freunde, das war unglaublich. Wahrscheinlich weil ich es gestern bereits allen in der spirituellen Welt angekündigt habe, dass wir zu einem Medium gehen und sie doch bitte alle kommen sollen. Ich bin froh, dass es geklappt hat. Meine Tochter natürlich voran. Das Medium hatte sehr viel zu tun, denn Catharinas Sprechgeschwindigkeit ist nicht zu unterschätzen. Als Beweis, dass es Catharina war, hat sie das Medium durch unser ganzes Haus geführt. Sie hat ihr alle Zimmer gezeigt und die Beschreibung der Einrichtung samt Ausblick dazu geliefert. Alles stimmte präzise und bei unserem Schlafzimmer erwähnte sie sofort, dass die

Möbel neu seien und diese ihr sehr gut gefallen. Tatsächlich haben wir unsere neuen Schlafzimmermöbel erst seit zwei Tagen.

Das Medium sagte, Catharina gehört jetzt einem Team an, das sich um die Seelen der Kinder kümmert, die von keinen Angehörigen im Jenseits erwartet werden, wenn diese noch am Leben sind. Und meine verstorbene Mutter kümmert sich auch um Catharina. Sie sorgt dafür, dass sie dort in die geistige Schule geht, obwohl sie oft keine Lust hat. Glaub mir, besser als das Medium meine Tochter und meine Mutter beschrieben hat, könnte selbst ich sie nicht beschreiben. Du glaubst gar nicht, wie sehr mir diese Besuche geholfen haben, diesen unbegreiflichen Verlust verstehen zu lernen.

Mein kleines Mädchen hat durch ihren Tod vier Kindern und einer erwachsenen Frau das Leben gerettet. Ihre Organe hatte ich nach ihrem Tod zur Organspende freigegeben. Ich wusste, sie wäre damit einverstanden, denn sie ist ein liebes Kind.

Vor einiger Zeit saß ich übrigens so wie jetzt im Büro, als sich völlig von alleine, ganz langsam unsere doppelt abgeschlossene Haustür öffnete. Es war ein Sonnentag ohne Wind und die Tür klemmt immer. Trotzdem konnte ich sehen, wie diese plötzlich völlig geräuschlos aufging. Ich schaute hinaus, aber niemand war da. Um mich herum wurde es mit einem Mal ganz kalt. Ich schloss die Tür sehr schwer und laut, ging in die Küche, die Kälte kam mit, ich sah dort aus dem Fenster und sah etwas. Ich fing an zu lachen und sagte ganz laut: „Catharina, du erschrickst mich immer wieder, irgendwann bekomme ich einen Herzschlag." Dann war es plötzlich wieder ganz warm. Das Medium sagte zu mir: „Immer, wenn du aus diesem Küchenfenster siehst, ist Catharina da."

Die Lehrerin erzählte mir übrigens, dass Catharinas beste Freundin am Morgen nach dem Unfall, als noch keiner Bescheid wusste, plötzlich aufstand, ohne ein Wort zu sagen zur Tafel lief, Catharina mit einem kleinen, weißen Hundewelpen an der Leine in einer Wolke malte und sich dann wieder auf ihren Platz setzte. Für die Lehrerin ergab dieser Zwischenfall keinen Sinn. Erst zwei Tage später, als ich ihr erzählte, das genau am Tag danach auch Catharinas kleiner weißer Welpe starb. Er war kerngesund und der Tierarzt fand keine Erklärung für seinen plötzlichen Tod. Das ist nur ein kleines Beispiel, aber ich wollte davon berichten, denn vielleicht hilft es auch anderen Menschen, die in Trauer sind.

Liebe Grüße Sabina

Wenn auch Sie etwas erlebt haben, das sich zwischen Himmel und Erde abgespielt hat, dann schreiben Sie mir bitte und ich werde es in meinem nächsten Buch veröffentlichen.

Inhaltsverzeichnis

Mato-Verlag
Marlene Toussaint
Tel.-Fax 08331- 49 44 45

Copyright by Marlene Toussaint
Umschlaggestaltung: Florian Göbel, Würzburg
Druck: GGP Media Druck on Demand, Pößneck

1. Auflage 2012

Dieses Buch ist direkt beim Verlag oder bei allen
Buchhandlungen auf Bestellung erhältlich.

Im Mato-Verlag erschienen sind die Bücher:

Südafrika schön und preiswert
ISBN 978-3-927003-23-1, Euro 15.-

Namibia schön und preiswert mit Kapstadt, Wein-
und Gartenroute
ISBN 978-3-927003-29-3, Euro 15.-

Arbeitslosigkeit, Glück oder Unglück?
ISBN 978-3-936795-93-6, Euro 7,50

Schönheitsoperationen:
Vom hässlichen Entchen zum schönen Schwan
ISBN 978-3-936795-96-7, Euro 11,90

Piloten küsst man nicht! Roman
ISBN 978-3-936795-99-8, Euro 12,90

Ein Traum ging verloren - Gedichte
ISBN 978-3-936 795-97-4, Euro 7,90

Engel und die Verstorbenen sind unter uns
ISBN 978-3-936795-98-1, Euro 12,90

Phänomene und Kraft aus dem Jenseits
ISBN 978-3-936795-92-9, Euro 12,90

Die Jenseitigen lieben uns -Erscheinungsjahr 2008-
ISBN 978-3-936795-91-2, Euro 12,90